世界一孤独な日本のオジサン

岡本純子

角川新書

目次

序章　最も危険なリスクファクター——それは「孤独」

Loneliness and the feeling of being unwanted is the most terrible poverty.
孤独と、人に必要とされていないという感覚は、究極の貧困である。――マザー・テレサ

肥満より、大気汚染より、環境ホルモンより、食品添加物より、お酒より、あなたの健康を蝕《むしば》み、寿命を縮めるものがある。それは「孤独」だ。メタボにならないように食事に気を付けよう、お酒やたばこを控えよう、健康のために運動をしよう、などと気を遣う人は多いが、「孤独」の健康影響について理解し、具体的に対策をしようなどと考えている人はあまりいない。

ありとあらゆる病気を引き起こす可能性のある最も危険なリスクファクターである「孤独」。

都市化、核家族化などの進展とともにグローバルにこの問題は広がっているが、その中でも最も事態が深刻で、「世界一孤独な国民」、それは日本人だ。「孤独」はもはや、「国民病」として、多くの人の心身を蝕んでいる。しかし、人々や政府の関心が急速に高まり、対策が進められる海外に比べ、日本では、国も人々もメタボやがん対策などには力を入れても、この「万病のもと」に関心を向けることはあまりない。

とりわけ、この「孤独」の犠牲者になりやすいのが、中高年の男性だ。女性に比べると男性、特におじ様たちは「コミュニケーションに不器用」なところがある。「世間話」や「おしゃべり」が得意ではなく、他人との垣根が高く、打ち解けるのに時間がかかる、愛嬌《あいきょう》を振りまくのはどうも苦手……。そんなタイプの男性は少なくないだろう。それでも、仕事をしている間は、職場の仲間とコミュニケーションをとる機会もあるし、アフター5の飲み会で憂さを晴らして、などという楽しみもある。しかし、仕事に忙殺されていくうちに、自然と友人との交流も途絶え、家族には邪魔者扱いされ、気づいてみると、いつの間にか、心を通わせる人がいない「寂しいオジサン」になっている。そして、退職の日を迎え、愕然《がくぜん》とし、絶望感にとらわれるのだ。「いったいこれから、何のために生きていけばいいのか」。

そんな話を、連載している「東洋経済ＯＮＬＩＮＥ」のコラムで書いたところ、「是非、本にして、『オジサン』たちに警鐘を鳴らしてほしい」と編集者の辻森氏から依頼を受けた。筆者は孤独の研究者ではない。コミュニケーションの専門家である。若いころから同世代よりオジサンの話を聞くのが好きで、仕事でもっぱら付き合ってきたのもこの世代の人たちということもあり、単純で、不器用で、愛すべきその生態については、人一倍詳しい、と自負している。ただ、「アマチュア・オジサン研究家」ではあっても、「オジサン」そのものではない。ためらう筆者の背中を押してくれたのが、辻森氏の語ってくれたストーリーだった。

「私も実感として、『オジサン』のコミュニケーション能力に不安を感じたことがあります。10日ほど入院をしたことがあるのですが、個室ではなく相部屋でした。もちろん男性の病室でしたが、その病室の中で、患者同士が会話を交わすことはほとんどありません(看護師さんが来たら親しげに話しかける、いや、ちょっかいを出すオジサンはいますが)。しかし、女性の病室の前を通った時、とても楽しそうな多人数の会話が聞こえてきました。『おや、お見舞いの方が大勢来ているのかな?』と思ったのですが、違っていました。病室の患者さん同士が仲良く、会話を楽しんでいたのです。『なんという差だ!』と驚いた記憶があります。そうしたオジサンの特性を、あらためてオジサン自身に実感してもらい、そうならないための対策を知ってもらいたいのです」

身につまされる男性も多いのではないだろうか。昼間、ちょっと高級なレストランに行ってみてほしい。おしゃべりに興じるご婦人方でほぼ１００％、埋め尽くされている。夫の話、子供の話、趣味の話、仕事の話、噂話……。彼女たちは地球が滅びるまで、延々としゃべり続けることができるだろう。これが多くの女性の特徴だ。こうやって、女性は学校の保護者会で、近所で、趣味の場で、交友関係を広げ、ネットワークを「貯蓄」し、コミュニケーションスキルにさらに磨きをかけ、老後に備えていく。

男性は「おしゃべり」が苦手、という人が多い。仕事やスポーツ、趣味など、何らかの共通の目的があれば、会話は成立しやすいが、延々と、何の目的もなく話し続けることは苦痛らしい。最近、書店の店頭に、無数の「雑談力」の本が置かれ売れているのを見て、不思議に思っていた。交渉力でも説得の技術でもなく、なぜ「雑談」本なのか。もちろん女性にもそのニーズがあるかもしれないが、そもそも、「普通の会話」が苦手な男性が少なからずいるという証左のように思える。

筆者は、前述したとおり、「コミュニケーション」の研究家である。新聞記者、ＰＲ会社を経て、現在は、日本のエグゼクティブのコミュニケーションコーチングや企業PRのコンサルティングを行っている。これまでに何百、何千人という日本人エグゼクティブ（99・9%がおじ様である）のコミュニケーションを間近で観察してきたが、彼らの考え方は二つのタイプに分かれる。一つ目は、「自分はうまいので、これ以上何も変える必要はない」と思っている人たち。二つ目は「自分は下手くそだが、コミュニケーション力は生まれつきの才能なので、どうしようもない」という人たちだ。

どちらの考え方も実は大間違いだ。「自分はうまい」と思っている人に限って、我に酔いしれ、人の気持ちを何も考えない「オレ様流コミュニケーション」に固執し、相手に全く伝わっていない、心を動かしていないことを自覚していない。そういう人は、全く伝える努力をしないので、部下や社員は延々と、つまらない話を聞かされる羽目になる。これでは、社員はやる気も刺激されないし、会社への誇りも生まれない。

もう一方の、「諦《あきら》めてしまう」考え方も大いなる誤解である。コミュニケーションはサイエンス（科学）であり、アート（芸術）であり、スポーツのようなものである。科学のように絶対的なフォーミュラ（公式）があり、芸術のように人の心を揺り動かし、スポーツのように、鍛えていくことができる。欧米では、脳科学や心理学、人類学などあらゆる観点からコミュニケーションが「科学」され、より効果的なコミュニケーションのメソッドが研究されつくしている。スポーツのように、コーチをつけ、正しいメソッドで徹底的に鍛えていけば、「筋力同様」モリモリと、コミュ力を上げていくことができるのだ。

実はコミュニケーションも「教科書」や「方程式」、「ルール」にのっとって、小さい内から教育していくべきスキルなのに、日本の学校では「読む」「書く」の教育はあっても、「話す」教育は全くと言っていいほどない。結果的に、誰もが自信も正解もないままに自己流のコミュニケーションを続けているのである。

いざとなれば、「以心伝心」「言わぬが花」「沈黙は金なり」という言葉を盾にして、「言わなくても何となく伝わる」のが日本文化、と言い訳にしているところもある。そんな文化もあってか、日本人の「言葉にして表現する」コミュ力は著しく未発達だ。きちんと自分の意見を論理立てて話す、人の心を動かすプレゼン・スピーチをする、交渉する……。

特に、国際舞台ではその力の差は歴然としている。コミュ力の弱さは企業のグローバル競争力に影響を与えるだけではない。日本社会に多くの負のインパクトをもたらしている。

筆者はこれまで通算、7年ほどを海外（イギリスとアメリカ）で暮らしたが、グローバル視点で日本を見ると、「実にいい国だ」と感じる。もちろん、貧富の格差の拡大など問題は数々あるが、治安は良く、人々は勤勉で礼儀正しく、失業率も低い。保育制度なども相対的にみれば安価で、充実しているし、医療制度もトップクラス、世界一おいしい食事がリーズナブルに楽しめる。

これだけ、「恵まれているはず」なのに、なぜかこの国は絶望的なほどの「不幸感」で覆いつくされている。例えば、会社員の不幸感。日本はまだまだ「終身雇用」制度が根強く、世界一、従業員を解雇するのが難しい国、と言われている。もちろん、非正規社員と正規社員との格差問題などはあるが、一般的に、欧米などに比べ、はるかに雇用の流動性が低く、一生涯を同じ会社で働き続ける人も少なくない。よほど、会社に忠誠心を持ち、一蓮托生《いちれんたくしょう》の関係性を持っているかと思えば、会社に対する、「エンゲージメント（忠誠心、絆《きずな》、結びつき、貢献意欲）」を調べたグローバル調査では、先進国一低かった。つまり、会社や仕事にやりがいや、誇りを抱いている人が極端に少ない、ということなのだ。

また、日本は高齢者が世界一不幸な国でもある。多くの国で、人の幸福度は50代で底を打ち、また上がっていく傾向を示しているのに、先進国の中で、日本だけは、右肩下がりに落ちていき、年を取れば取るほど、不幸に感じる人が増えていく。このような「不満足感」「不幸感」の源泉は何なのだろうか。政府は、「働き方改革」「一億総活躍」などと旗を掲げ、残業時間の削減など、外形的な制度改革を進めようとしている。しかし、コトの根幹はそうしたシステムなどといったことではないように感じる。

日本を覆うこの閉塞《へいそく》感の背景には、もっと根源的な日本人の価値観や慣行、考え方、ライフスタイルの変化・変質などがあるが、一つの大きな要因として、日本人の「コミュ力不全」、さらにそこに起因する「孤独」があるのではないだろうか。

今回のテーマである「孤独」には大きく分けて、Loneliness（孤独だと主観的に感じること）とSocial Isolation（物理的に孤立していること）がある。日本では、「孤独死」など

「物理的な孤立」は取りざたされるが、それが本質的な問題なのではない。誰かと一緒にいても、「孤独」を感じる人もいる。問題は、人と人との関係性の希薄化、コミュニケーションの欠落によって、誰ともつながっていない、誰も頼る人がいない、という精神的な「孤独」感に苦しめられる人が増えていることだ。英語では「Solitude」（一人で楽しむ孤独）というポジティブな意味合いのものもある。もちろん、一人、思索を巡らせ内省する時間も必要だ。外向的、内向的な人、それぞれに「孤独」の与える影響は異なることだろう。

日本では、「孤独を楽しむ」「孤独と向き合え」という精神論も幅広く支持されている。男たるもの武士のように誇り高く「孤高」であるべき、という美学もあるようだ。こうした「孤独＝善」という考え方が、日本を世界に冠たる「孤独大国」にしている。しかし、本来、人は「ソーシャルアニマル」、人と人の結びつきの中でしか生きていけない動物である。「孤独」は21世紀の世界の、そして日本の大問題なのだ。

人と人とを結びつけるライフライン、これこそがコミュニケーションであるが、日本ではコミュニケーションは「空気感染」するものとでも思われているらしい。文化的同質性が担保されているのだから、努力して言葉を尽くさずとも、思いは伝わる、という誤解があるようだが、価値観が多様化する中、言葉にして、しっかりとコミュニケーションをとらなければ、何も伝わらない。人と人の結びつきにはコミュニケーションが不可欠であることに気づく必要がある。

コミュニケーションは血流のようなものだ。それが滞っていることにより、日本の会社も社会も、麻痺《まひ》寸前だ。この本では、なぜ、日本人がそれほど孤独なのか、孤独はいかに人間の心と体を蝕むのか、コミュニケーションと孤独の関係性、そして、なぜ、男性が特にその犠牲になりやすいのかなどを解説するとともに、どのようにしたら、孤独という「魔窟」に入り込まずに済むのか、その「引力」から逃れることができるのかを実践的にご紹介していきたいと考えている。

第1章　孤独なオジサンたち

心配なのは「きょういく」と「きょうよう」

「身の回りに孤独な男性はいるか？」

そういう質問をすると、「いる」と答える人があまりに多いことにびっくりさせられる。

●母が「社会との唯一の窓口」だった父は、その死後、生きる意欲をなくし、体調を崩し、認知症を患い、亡くなった。

●「仕事が生きがい」だった父は、退職後、「死んだほうがまし」と文句ばかり言っている。

●退職後、夫が家にこもり切りで本当にいやになる。

●元役人で、プライドが高い父は、退職後もなかなか近所やコミュニティの人々に溶け込まない。

●友人のカルチャーセンターの女性講師が寂しい高齢男性のストーカー被害に遭っている。

●元上場企業の役員だったという男性が、マンションの理事会で、「俺の話を聞け」と老害化している。

などなど、誰もが一つや二つ、エピソードを持っている。

街中を見回してみよう。昼間のフレンチレストラン、歌舞伎、お芝居、演歌歌手のコンサート。楽しそうな「おばちゃん」の集団はそこかしこで見かけるが、中高年男性の「群れ」を見かけることはほとんどない。妻たちが、友人たちとの社交にいそしむ一方で、オジサンたちはいったい、どこにいるのだろう？

「自分は将来、孤独になると思うか？」

身の回りにいる働き盛りの男性本人に尋ねると、皆、堰《せき》を切ったように、「本当に心配している」と話し出す。「退職したら、やりたいことが思い浮かばない」「仕事が忙しすぎて、孤独にならないような対策を考えている余裕がない」「仕事以外で、どう人と付き合えばいいかわからない」「趣味はあるけれど、これから新しい友人など作れる気がしない」「無理してまで人と付き合いたくない」。普段、めったに口にすることはないが、多くの男性が、今登っている山の向こう側にあるだろう「孤独」の存在に異様に怯《おび》えている。

都内の40代のサラリーマンAさんも、ぼんやりとそんな心配をしている。部長に昇進し、仕事は楽しいし、やりがいもある。娘２人もかわいいが、家庭内では女３人対男１人で、分が悪く、邪魔者扱いされることも多い。子供たちが巣立ち、自分が退職したら、どうなるだろう。妻はきっと、娘や孫の世話をして、友人との付き合いを楽しんで生きていくだろう。「自分は」と考えると、全く絵が描けない。

昔はダイビングなど趣味も多かったが、今はどれも遠ざかっている。時間ができたら、また始めてもいいなとは思うが、誰かと出かけたりするのには抵抗がある。今さら、新しいつながりを作る自信が全くない。「仕事では、『盾と剣』で自分を武装しながら、日々戦っている」。いきなり鎧《よろい》を脱いで、素の自分になって、新しく友人を作る姿など想像ができないのだ。漠然とした不安を押し殺しながら、目の前にある仕事と家庭に向き合う日々だ。

今年から定年延長をして、都内のＰＲ会社で働く61歳のＢさんも、「老後の孤独が心配」な一人だ。今はまだ月曜から金曜まで仕事があるから、土日ぐらいは家でのんびりするのが楽しい。ただ、仕事がなくなったら毎日どうするのだろう。考えただけでも気が滅《め》入《い》る。特にやりたいことも見当たらない。一度、地元の自治会をのぞいてみたことがある。高齢の男性たちが、徒党を組んで、なかなか入っていけない排他的な雰囲気を醸していた。

しかも、口々に「俺は昔ね、○○社で専務をやってたんだ」と元の会社の地位をひけらかし、威張り始める始末だ。「俺を何様だと思っている」と言わんばかりの「マウンティング爺《じじい》」に、「ああいう風にだけはなるまい」と固く誓った。ちなみに、マウンティングとは、本来、霊長類が優位性を示すために、相手に馬乗りになって交尾をすることを意味するが、人間関係において、「自分が上」と格付けしようとする行為を指す言葉だ。

Bさんはリスクコミュニケーションの専門家として、企業の不祥事対応などの相談にのっているが、先日、その関連で面白い話を聞いた。ネットで炎上に加担する人は「高収入・男性・管理職」という傾向があり、また、企業の相談窓口などにクレームを寄せる人たちは、自らが品質管理、保証などを専門にし、クレーム処理などをやってきた中高年が多い、というのだ。つまり、プロとしてやってきた目から見て、「口のきき方が悪い」「挨《あい》拶《さつ》がなっていない」「若い奴はだらしない、我慢がならん」とクレームをつけてくるらしい。

満たされない思いをネットにぶつける中年男性。会社だけをよりどころにやってきて、仕事を失い、生きがいを失い、クレーマー化する高齢者男性。しかもそうした人たちの7割は「自分たちが正義を行っている」と信じているそうだ。そんな話を聞くにつれ、改めて「自分はそうはなりたくない」という思いを強くする。

威張る、文句を言う、キレる……。「暴走老人」たちの行為を見聞きすると、気は滅入るばかり。要はみんな「寂しい」のだろう。でも、それを素直に認められない男の性《さが》。最近、知り合いがこんなことを言っていた。「老後はね。『きょういく』と『きょうよう』が大事だよ。今日行くところがある、今日用がある」。思わず膝《ひざ》を打って、笑ってしまったが、同時に、うら悲しく、切ない思いもよぎった。

"やりがい搾取"された営業マンの悔恨

「またか」。友人からの電話で同期の訃報《ふほう》を聞き、Cさんは小さくため息をついた。先月は一つ上の先輩の葬儀に参列したばかりだ。5年前に会社を65歳で退職してこの方、2～3カ月に一度のペースでこうやって会社時代の同僚や先輩を送り出してきた。Cさんが、新卒で入社したのは日本有数の証券会社。苛烈《かれつ》な営業マンスピリッツで知られ、多くの社員が朝から晩まで、365日、生き馬の目を抜くような競争の中で、百戦錬磨を重ねた。

ある幹部がこんな話をしたのをよく覚えている。「我々の仕事は川に溺《おぼ》れかけている人がいたら、『助けてやるから、カネを出すか』と聞く。払うと言えば、浮輪を投げてやる、そんなもんだ」。金になるなら人の生き死にさえも商売にする。それぐらいのがむしゃらさと、冷酷さが必要だ、そういう意味だと受け取った。

まさに、「切った、張った」の社風の中で、社員たちは「営業成績ナンバー1」を目指して、死に物狂いで戦い続けた。「売れるまで帰って来るな！」「土下座してでも500万円、売って来い」などと言われるのは日常茶飯事。一日中、電話をしたり、突然家に訪問したりと、足が棒になるような努力を重ねても、誰も相手にしてくれない、ということもあった。しかし、徐々にお客さんの信頼を得て、売り上げが増えてくると、がぜん、やりがいも増し、仕事が楽しくなってくる。大口の契約を受注した時の興奮、ノルマを達成した時の安堵《あんど》と誇り。稼げば稼ぐほど、給料も上がった。月100時間の残業は当たり前、酒もたばこも気晴らしには欠かせなかった。家族を支える、そんな気概ももちろんあったが、奮い立たせていたのは、「負けたくない」、そんな競争心だったかもしれない。

会社という小さなターフの中で、鼻の前にぶら下げられたニンジンを追いかけ、他の馬に負けまいと、ただ、やみくもに走り続けてきた。何周も何周もひたすらに、レースをやらされてきたような気もする。そういう意味では、日本の会社制度は、男性の「競争心」と「プライド」を食い物にする、よくできたシステムだ。金による報酬というよりは「やりがい」という報酬を意識させられ、自覚のないままに長時間労働が奨励される「やりがい搾取」という言葉が最近あるらしいが、自分は、苦笑してしまうほど、「たっぷり搾り取られた」タイプだ。

同じトラックをぐるぐると走り続ける生活を続け、気が付くと60歳になっていた。定年の年だが、応募して認められれば、65歳まで定年延長ができる。しかし、その希望がかなえられるのは対象者のわずか3分の1ほど。大半は泣く泣く会社を辞めざるを得ない。続けられたとしても年収は5分の1ぐらいにまで激減する。それでも、何とか残ろうと、多くの人が応募した。「子供の学費がまだかかる」など必死の陳情合戦も裏では繰り広げられていたらしい。自分は何とか関連会社の事務の仕事につくことができたが、社員の中には会社の駐車場の管理人となり、かつての部下に頭を下げることになった人もいたとも聞く。

そうやって5年間、積み重ねた「プライド」をすり減らしながら、何とか勤め上げ、65

歳になり、完全に退職した。子供たちはとうに自立し、妻は、習い事や趣味で忙しそうで、「退職したら、２人でゆっくり」などという計画は自分だけの「幻想」だったようだ。仕事しかなかった人生で、趣味らしい趣味もなく、何でも気軽に話せる友人を作る時間もなかった。

そういえば、定年の何年か前に、会社が開いたセミナーで、みんなで「巻き寿司《ずし》」を作らされたことがあった。「退職後は、妻に頼りきりになるのではなく、もっと自立し、自分でスーパーに買い物に行けるぐらいになるように」などと言われ、買い出しからご飯を炊く、寿司を作るところまでやらされた。当時は「この時間があれば、もっとセールスに行けるのに。時間の無駄。余計なお世話」と本当に不愉快だった。今にして思えば、あの時、もっと、退職後の生き方について真剣に考えておくべきだったかもしれない。

最近は、同窓会なども増え、会社の仲間とも定期的に会うのだが、毎日毎日、「めっぽう暇」なのが、とにかく苦痛だ。愛犬の散歩と読書で暮れるが、何かしたい、と思っても、見当がつかない。東京の郊外に住み、地元のサークル活動などに誘われるが、何だか気が進まない。仮にも日本を代表する証券会社で要職を務めた人間だ。無駄なおしゃべりをし、愛想良くするなど、性に合わない。

「仕事が、生きがいなわけではない」。ずっとそう思っていた。退職後はノルマに追われることもないし、何でも自由なことができる。自分なら、きっと充実した老後が送れるはずだ。そんな自信もあった。しかしふたを開けて気づいたのは、自分の人生が、どれだけ、仕事によって支配されていたか、ということだ。やりがい、プライド、仲間、必要なものはほとんど仕事によって満たされていた。仕事を失って、痛切に感じるのは、「認められない」「必要とされていない」「自分は何の価値もない」、そんな思いだ。まるで、自分が「透明人間」になってしまったような寂しさだ。

聞けば、会社の退職者の65％の人が70歳に届かぬうちに亡くなっている、という。退職したとたんに、プチっと糸が切れたようになり、生きがいを失う人も多いと聞く。自分は何とかその齢《よわい》を超したが、「これから先、何を目的に生きていけばいいのか」。ただただ、途方に暮れるばかりだ。

妻が妬ましい夫、夫が疎ましい妻

今年55歳を迎えたDさん。入社以来、テレビ局の制作の第一線で、バリバリ活躍を続け、報道番組などを作り続けてきた。メディアの現場はとにかく長時間労働だ。朝から晩まで、働きづめだったが、何百万人もの視聴者が見ている、社会にインパクトを与えられると思えば、何の苦もなかった。テレビ局の正社員ともなれば、日本でもトップレベルの給与だ。忙しいながらも、張り合いのある毎日。しかし、最近、その現場を離れ、子会社に転籍となってから、すべてが変わった。

子会社では、役員という立場だが、昨今の「働き方改革」とやらで、上にいる人間ほど、部下に示しをつけるために、なるべく早く家に帰れ、と言われる。最近は「ジタハラ」（時短ハラスメント）などという言葉もあるらしいが、帰る時間を選ぶ自由を奪われるという意味では、まさに「ハラスメント」だ。帰りたくもないのに、夕方6時ぐらいには帰途に就くことになるが、これまでたいてい夜中まで働いて、ほとんどがタクシー帰りだったので、戸惑うばかり。夏場などは会社を出ると、太陽がまだ高い。その光が疎ましく、同時に罪の意識さえ感じた。

最近、NHKで、まっすぐ家に帰らない「フラリーマン」なるサラリーマンの生態が話題になっていたが、自分は「フラフラ」する場所さえ思いつかない。最初の内は、飲みに行ったりもしたが、そんなに一緒に飲み歩ける友人がいるわけでもない。仕方がないから、まっすぐ帰ることにしたが、家にいてもやることといったら、本を読むことぐらいだ。それにしてもこれほど、時間がある生活が苦痛だとは思いもよらなかった。虚無感は覚えるが、だからといって、何か新しい趣味を始めるという気にもなれない。

上に3人の姉がおり、末っ子として生まれたこともあり、明治生まれの母には、上げ膳《ぜん》据え膳で育てられた。だから、台所に立つことも、洗濯物をたたむことも含め、家事は一切したことがない。共働きの妻に代わって、母が家事や子育てを手伝ってくれていた。その母が亡くなり、今は妻が家事一切をやっているが、自分は全く手を貸す気はない。だから、食事の支度も掃除もすべて妻頼みだが、最近、妻は仕事がやたら忙しいらしく、週末もほとんど出かけている。それが何とも腹立たしくてならず、「いつ帰るんだ」「なんで、そんなに出かけるんだ」などと愚痴ってしまう自分がいる。

「孤独」と言えば孤独だが、無理をしてまで人付き合いをしたいとも思わない。子供の保育園時代に仲良くなった仲間たちとの会食も最近は何だか、面倒くさく、足を運ばなくなった。そんな夫に、妻はいら立ちを隠せない。「なんで、何も自分でやってくれないのか」。仕事に忙しい夫に申し訳ないと、ついつい甘やかしてしまったつけが来ている感じだが、「夫の〝しつけ〟を間違えた」と、後悔してももう遅い。これで、完全に退職して、仕事を辞めたら後はどうなるのか、と考えると、妻は、「身の毛がよだつほど、恐ろしく、憂《ゆう》鬱《うつ》な気分になる」。

「高齢男性の引きこもり」という大問題

東京都の中心部にある区の福祉に携わるEさん。20年以上、地道に暮らしを営む市井の人々に寄り添い続けてきた。都心の人口は増え続け、活気づく街の様子とは裏腹に、ここ10年ほどで人々の絆《きずな》やつながりが急速に希薄化していると実感している。乱立するタワーマンションで孤立する高齢者。集合住宅で、誰にも看取《みと》られず亡くなっていく一人暮らしの人……。自身は都内でも下町のほうに住んでおり、いまだに地域の結びつきが強く、お祭りなどで盛り上がるのだが、それに比べると、都心では隣近所も付き合いがなく、それぞれの家がまるで「独房」のように孤立しているところが多い。

都心には新旧住民の対立というややこしさもある。長年住み続けている住民は自治会や近所付き合いがあり、結びつきもあるが、マンションなどに移り住んできた人たちとの間には心理的な隔たりがある。新しい住民は古くから付き合いのある住民同士の中に、入っていきにくいし、元々住んでいた人たちも、拒んでいるつもりはないが、なかなか交流は生まれない。大都会の谷間にはこうした多くの「寂しい人たち」が埋もれている。

「都会の孤独」は実に残酷だ。最近のマンションは気密性が高く、閉め切っていると、何の音もしない。まるで「雪の日の朝の静けさだ」とつぶやく高齢の女性がいた。沈黙に耐え切れず、マンションのドアを開けていたら、管理の人に、「閉めるように」と言われた。誰とも会わず、話さず、何の音もしない日々。だから、テレビだけはつけっぱなしにしておく。

高齢者世帯では、自分だけでは電球が換えられないというところも多い。そんな家を訪問し、電球の交換をしてくれていた街の電器屋もどんどんと姿を消している。だから照明が一つ、一つと消えていく中で、唯一残った明かりで夜を越している家もある。

孤立を防ごうと、集会所などを会場に各地区の住民が主体となって月1、2回、高齢者が集まる「サロン活動」を展開しているが、来る人は9割5分が女性だ。女性ばかりの場所に来るのは、男性にとっては居心地が悪いらしい。男性同士ではあまり話は弾まず、女性が上手に引き入れると、ようやく話をする、という感じだ。ボランティアとして登録する人もほぼ9割が女性。女性にできない力仕事など、男性が力を発揮できる仕事は多いのだが、参加者はほとんどいない。

妻が、連れ出すきっかけなどを作ってうまく、「地域デビュー」できる人はいいのだが、自分から積極的に出ていこう、という人はほとんどいない。プライドが許さないのか、単なる「ボランティア」に対する抵抗感があるようで、「街づくり会議への参加」「○○コーディネーター」など、少し「名誉のある感じ」の仕事になると、参加者は増える。ボランティアなどに参加する女性は、家にこもる夫を気遣いながら、「ご飯を作らなくちゃ」と時間を気にしながら家に帰っていく。夫が逝くと、女性は「やっと解放された」と生き生きするが、妻に先立たれた男性は「しぼむように」生気を失っていく。

介護サービスを利用していない高齢者などを民生委員や相談員などが定期的に訪問するが、扉をたたくと、まるで借金取りでも来たかのように、「出てってくれ！」と言葉荒く追い返されることがある。地域の活動などへの参加を男性に呼び掛けると、「一人で何が悪い」「放っておいてくれ」という言葉が返ってくる。たった一人、お屋敷や高級マンションに暮らす富裕層の中には、「福祉」は低所得層のもの、自分たちはそんなもののお世話にはならない、と露骨に嫌悪感を見せる高齢男性も大勢いる。「孤独で寂しい姿」を誰にも見られたくない、そんな人が多いのだ。

しかし、活動に参加し、人々とつながって、息を吹き返したように生き生きとした表情をする人たちを見ていると、「人は一人では生きていけないのに」とつくづく感じる。どんなに人に迷惑をかけないように、と遠慮して、一人で生きたところで、自分で骨壺《こつつぼ》に納まる人間などいないだろう。人は生きている限り、迷惑をかけ、かけられる。けれど、それはお互い様。支え合っていけばいい、そういう思いから今日も「お節介」を焼いているが、「〝やせ我慢〟する男性」たちに抜本的な解決策はなかなか見当たらない。「高齢男性の〝引きこもり〟はこれからもっと、もっと深刻化する大問題」。将来を考えると、暗たんたる気持ちにならざるを得ない。

第2章　孤独は「死に至る病」

パンデミック化する「孤独」

「社会的孤立が私たちを死に追いやる」(ニューヨーク・タイムズ)、「中高年の男性にとって最大の脅威は喫煙でも肥満でもない。それは孤独だ」(ボストン・グローブ)、「慢性的な孤独は現代の伝染病」(フォーチュン誌)――。世界の主要メディアで、ここ1、2年、こうした報道が頻繁に登場するようになった。日本ではほとんど話題になることはないが、今、世界で、人々の精神的・肉体的健康上、最も憂慮すべき問題として語られているのが、「孤独」だ。

2018年1月17日には、イギリス政府が、「孤独担当相」を新たに任命すると発表して、世間を驚かせた。メイ首相が評するように、「孤独は現代社会の悲しい現実」であり、看過できない喫緊の課題であるという認識が急速に広がっている。

イギリスの市民団体の調査では、68%の大人が、「寂しい」と感じており、特に18~34歳の間では83%と最も高い水準を示した。38%の人が5年前より、人とのかかわりあいが減ったと思い、高齢者の17%が1週間に1回以下、11%がひと月に1回以下しか友人や家族、隣人と会うことがなかった。また、約40%の高齢者が「テレビが心のよりどころ」と感じていた。

世界最大の高齢者団体、ＡＡＲＰ（全米退職者協会）が２０１０年に45歳以上のアメリカ人を対象に行った調査では、35％が「孤独」であると回答。換算すると、全米で約４２６０万人もの人が「孤独」に苦しんでいることになる。「孤独」と回答した人の割合は、健康な人の場合は25％だったのに対し、健康ではない人の場合は55％と、大きな開きがあった。アメリカのシカゴ大学の National Opinion Research Center（ＮＯＲＣ）が実施している社会調査によれば、「親しい友達がいない」と回答した人の数は１９８５年から２００４年にかけて3倍に増加。コミュニティやボランティア、近所付き合いが減り、特に、成人男性が友人関係を維持することが難しくなっていることが浮かび上がった。

オーストラリアの市民団体の調査でも、60％の回答者が「しばしば孤独を感じる」とし、82・5％が「孤独感を感じることが増えている」としている。中国では、子供が巣立った後、お年寄りだけになった「空の巣」家族が増え、１９９２年には16％だった「孤独」を感じる人の割合は、２０００年までにほぼ倍の30％近くにまで跳ね上がった。

このように、世界規模で、老若男女を問わず、多くの人が深刻な「孤独」に向き合っており、特にここ数年、「孤独というエピデミック（伝染病）」という考え方が広がっている。

その先駆けとなったのが2009年に、シカゴ大学の心理学者、ジョン・カシオッポ教授らが発表した研究だ。カシオッポ氏らはアメリカ・マサチューセッツ州の5000人以上の住人を対象に調査を実施、孤独な友人を持つ人が孤立感を覚える確率は、孤独ではない友人を持つ場合より52％も高く、友人のそのまた友人の友人にまでそうした「伝染効果」は及んだことを突き止めた。そのうえで、「寂しさがインフルエンザのように人から人へ『感染する』」と結論づけた。そもそも、「楽しい」「悲しい」「怖い」「怒り」などといった「感情」は周囲にいる人を同じ気分にさせる「伝染効果」を持っている。「寂しい」という感情も、ボディランゲージや表情、声などを通じて、周囲の人に波及する傾向があるということだ。孤独な人が引きこもれば、その周りにいる人も孤独になり、孤独の連鎖が起きていく。人は寂しくなると他人を信用しにくくなり、友人関係を構築するのがさらに難しくなる悪循環に陥るとも指摘している。

2017年8月には、アメリカ・ブリガムヤング大学のジュリアン・ホルトランスタッド教授（心理学）が、アメリカ心理学会の年次大会で、孤独の健康影響について発表し、「世界中の多くの国々で、『孤独伝染病』が蔓延《まんえん》している」と警鐘を鳴らし、大反響を呼んだ。また、同年10月には、オバマ大統領の下でアメリカ連邦政府の公衆衛生局長官を務めていたビベック・マーシー氏が「ハーバード・ビジネス・レビュー」誌上で、「孤独は深刻化する伝染病であり、その対処は喫緊の課題」という論文を発表し、話題を集めた。マーシー氏は任期中、アメリカ国中を回り、「孤独がありとあらゆる年代や社会環境の人たちを蝕《むしば》んでいる実態」を目の当たりにし、孤独こそが多くの健康・社会問題の根底にある、と喝破したのだ。

「病気になる人々を観察し続けてきてわかったが、その共通した病理（病気の原因）は心臓病でも、糖尿病でもなかった。それは孤独だった」

アメリカの公衆衛生の最高指揮官のこの衝撃的な独白はメディアでも大きく取り上げられ、アメリカ国民の関心も、加速度的な高まりを見せている。

もはや、伝染病ならぬ、パンデミック（世界的な流行病）の様相を見せる「孤独」。その健康に与える負の影響は恐るべきものだ。

孤独というサイレントキラー

日本でも、独居老人が、たった一人で死を迎える「孤独死」が問題視されて久しい。物理的に孤立することで、体調に変化があっても気づかれず、適切なケアが受けられず、死

図 2-1：死亡率との関連性

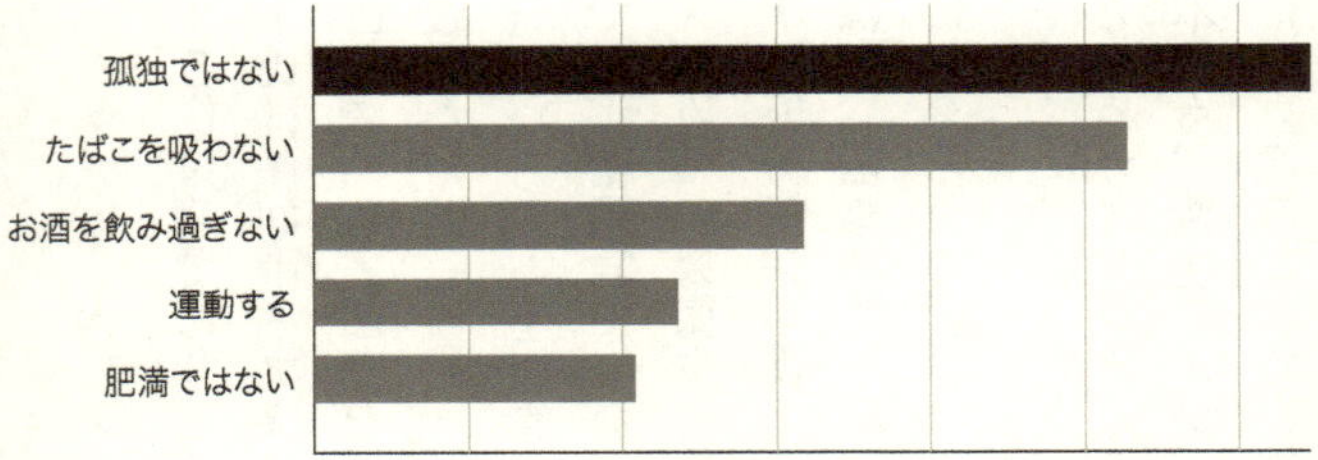

Holt-Lunstad J, Smith TB, Layton JB (2010) Social Relationships and Mortality Risk: A Meta-analytic Review. PLoS Medicine 7(7): e1000316.

に至ることへの恐怖感は多くの日本人に共有されている。しかし、本質的な問題は、一人で死んでいく「孤独死」ではなく、「孤独による死」である。

「孤独」は、まさに「万病のもと」だ。気づかぬうちに、多くの人の心と身体を蝕み、その寿命をすり減らしていく。前述のホルトランスタッド教授は2010年、148の研究、30万人以上のデータを対象とした分析を行い、「社会的なつながりを持つ人は、持たない人に比べて、早期死亡リスクが50%低下する」とする結果を発表した。

そして、孤独のリスクは、①1日たばこ15本吸うことに匹敵、②アルコール依存症であることに匹敵、③運動をしないことよりも高い、④肥満の2倍高い、と結論づけた（図2－1）。

また、2015年の同教授の研究では、70の研究、340万人のデータをもとに、「社会的孤立」の場合は29％、「孤独」の場合は26％、「一人暮らし」の場合は32％も死ぬ確率が高まるとの結果を導き出した。2005年のオーストラリアの研究では、子供や親戚《しんせき》などとの関係性は長寿と関係はなかったが、友達が多い人は、ほとんどいない人より長生きすることがわかった。

孤独による健康への悪影響は実に多岐にわたる。鬱《うつ》病、統合失調症、薬物やアルコールの乱用といった精神的な疾患と同時に、心臓病、血管疾患、がんなど、ありとあらゆる病気のリスクを大幅に高めることがわかっている。

その影響についての医学的研究は星の数ほどあるが、例えば、以下のようなものがある。

●孤独は冠動脈性の心疾患リスクを29％上げ、心臓発作のリスクを32％上昇させる。
●孤独な人はそうでない人より、20％速いペースで認知機能が衰える。
●孤独度が高い人がアルツハイマーになるリスクは、孤独度が低い人の2・1倍。
●孤独は、体重減少や運動による血圧低下効果を相殺する負の効果を持つ。

●孤独な人は、日常生活、例えば、入浴、着替え、階段の上り下りや歩くことなどにも支障をきたしやすくなる。

なぜ、孤独は心身を蝕むのか

では、孤独はなぜ、どのような作用によって人体にこれほどのダメージをきたすのだろうか。

人間は「社会的動物」である。個人は絶えず他者との関係において存在している。古代から、人間が敵と戦い自らの生存を担保していくためには、何より、他者との結びつきが必要だった。敵を倒すために共に戦う。食べ物を共に確保し、分け合う。そのつながりから放り出され、孤立することはすなわち「死」を意味していた。「孤独」という「社会的な痛み」は、のどの渇きや空腹、身体的な痛みと同じ脳の回路によって処理され、同等、もしくはそれ以上の苦痛をもたらす。その辛《つら》さを避けようと、水を飲んだり、食べ物を口にするように、孤独な人も「苦痛」から逃れるために、自らつながりを求めるようになる。これが人を孤独から遠ざけようとする、本能的なディフェンスメカニズム（防御機構）の基本的な仕組みだ。

社会性を持った動物は、身体的な痛みと孤立、どちらを選ぶのか、という選択を迫られた時、身体的な痛みを選ぶのだという。刑務所において「独房監禁」が最も残酷な罰の一つであることを考えれば、納得がいく。孤独が常態化すると、その「苦痛」に常にさらされることとなり、心身に「拷問」のような負荷を与えてしまう。身体のストレス反応を過剰に刺激し、ストレスホルモンであるコルチゾールを増加させる。高血圧や白血球の生成などにも影響を与え、心臓発作などを起こしやすくする。遺伝子レベルでも変化が現れ、孤独な人ほど、炎症を起こす遺伝子が活発化し、炎症を抑える遺伝子の動きが抑制される。そのため、免疫システムが弱くなり、感染症や喘息《ぜんそく》などへの抵抗力が低下し、病気を悪化させる。

カシオッポ教授らによれば、「孤独は敵の襲来にたった一人で立ち向かわねばならないことを意味し、脳を『サバイバル（自己保身）モード』に変える。人間は『サバイバルモード』においては、ウィルスと戦うのではなく、バクテリアと戦うようにプログラミングされているため、ウィルス耐性が下がり、がんなどへの免疫力が落ちる」という。

また、いったん孤独になり、自己保身本能にギアが入ると、もう一度、人とつながることを極端に恐れるようになる。一度拒絶された「群れ」に戻ろうとすることは、再び、拒まれ、命の危険にさらされるリスクを伴うからだ。それよりは、何とか一人で生きていくほうが安全だ、と考えて、閉じこもりがちになってしまう。また、慢性的な孤独下に置かれた人は、他の人のネガティブな言動に対して、極度に過敏になったり、ストレスのある環境に対する耐性が低くなる。さらにアンチソーシャル（非社交的）になり、孤独を深めていく、という悪循環に陥ってしまうのだ。中高年の男性は「孤独が好きだ」「孤独を楽しむのだ」と引きこもる人が多いが、それは、傷つくことを恐れる、ある種の自己防衛メカニズムが働くからだろう。孤独はまさにアリ地獄。一度入り込むとなかなか出てこられない。

毎日、食事に気を付けたり、お酒を控えたり、禁煙をしたり、ランニングをしたり……。皆さんもそれぞれに健康には気を遣っていることだろう。しかし、そのすべての効果を打ち消してしまう可能性があるのが「孤独」なのである。そのビール一杯を我慢する前に考えていただきたい。今、あなたは孤独ではないか。将来、孤独になる可能性はないか、と。

孤独大国、日本

孤独は世界共通の問題だが、その中でも、日本人の「孤独の深刻度」は世界の中でも群

図 2-2：生涯未婚率の推移

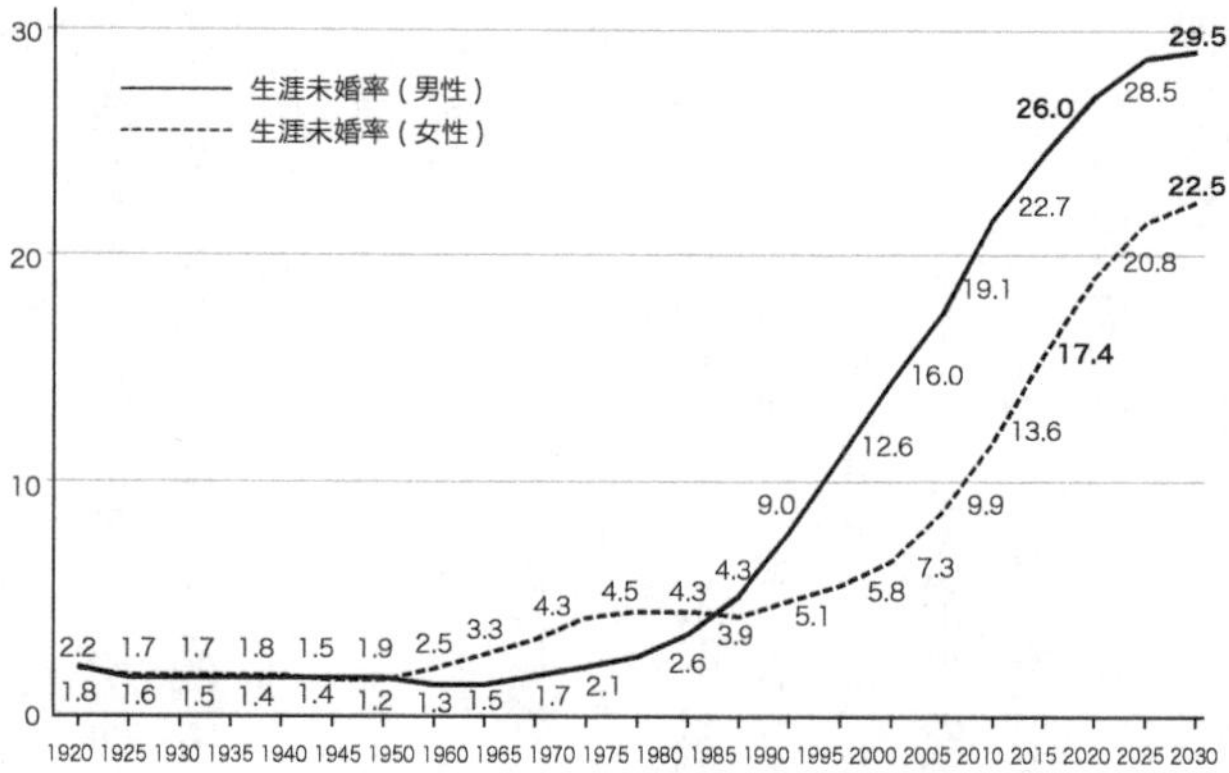

資料出所 : 資料 : 総務省統計局「国勢調査」(平成 17 年) 及び国立社会保障・人口問題研究所「日本の世帯数の将来推計 (全国推計)(平成 20 年 3 月 推計)」「人口統計資料集 (2009 年版)」

注 1: 男性 30~34 歳未婚率、女性 25~29 歳未婚率は 2005 年までは「国勢調査」、2010 年以降は「日本の世帯数の将来推計」による。

注 2: 生涯未婚率は、50 歳時点で一度も結婚をしたことのない人の割合であり、2005 年までは「人口統計資料集 (2009 年版)」、2010 年以降 は「日本の世帯数の将来推計」より 45 歳 ~49 歳の未婚率と 50 歳 ~54 歳の未婚率の平均。(※) 平成 22 年総務省統計局国勢調査抽出速報集計結果を抜いている。

非婚化が進む中、日本の生涯未婚率は右肩上がりで増加しており、2020年には女性の17・4%、男性の26・0%、2030年には女性で22・5%、男性で29・5%にまで上昇すると見られている。男性の約3人に1人、女性の約4人に1人は生涯独身という時代になるということだ（図2-2）。

一人で居を構える「単身世帯数」は一貫して増え続け、1980年には総世帯に占める割合は19・8%だったが、2010年には32・4%に達し、2035年には37・2%が「一人暮らし」になると推計されている（図2-3）。

「物理的に孤立していること」と「孤独を感じること」は同一ではない。家族と一緒に暮らしていても孤独にさいなまれる人もいれば、独居であっても友人や近所の付き合いなどを通じて、孤独感を感じない人もいる。独居世帯＝孤独、という話ではない。そもそも、ノルウェーや、デンマーク、ドイツなどでは、単独世帯の割合がすでに4割近くに達している。孤独に陥らないために重要なのは、「心から信頼でき、頼ることのできる人たちと、深く、意味のあるつながりや関係性を築いているかどうか」である。そういった意味で、日本は世界一、「孤独」な国民なのだ。

図 2-3：家族の種類別世帯数割合

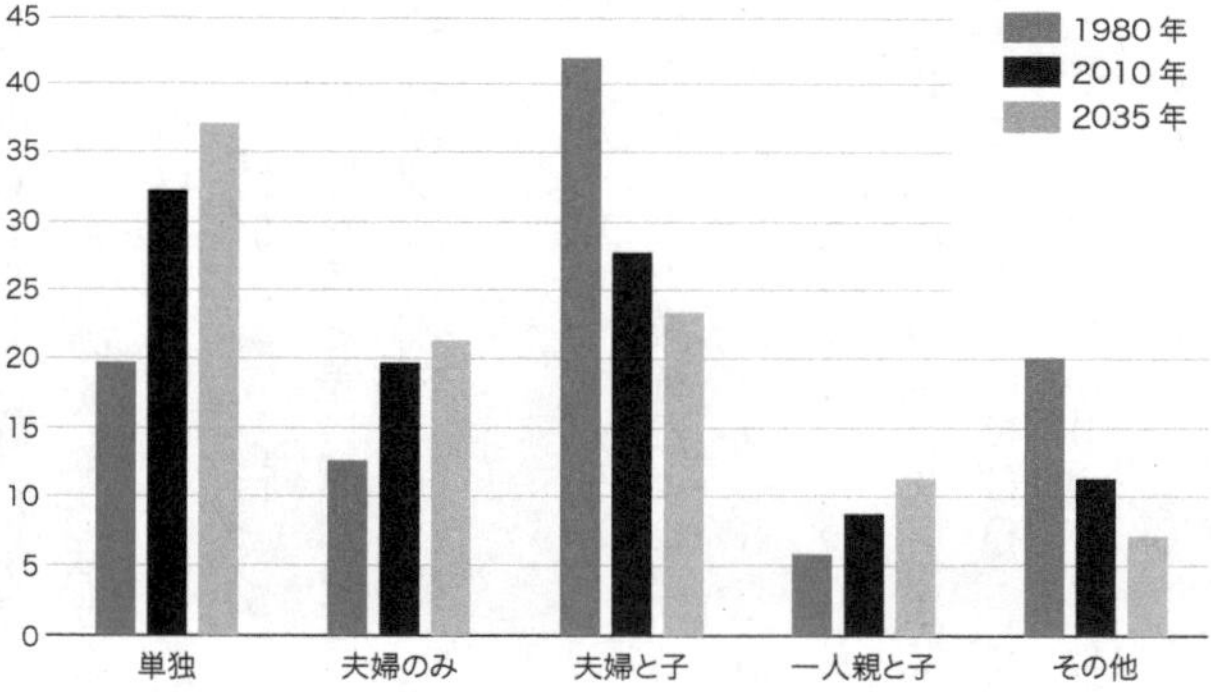

出典：国立社会保障・人口問題研究所「日本の世帯数の将来推計」2013 年 1 月推計

図 2-4：社会集団の中で、ほとんど、もしくは全く友達や同僚など他人と時間を過ごさない人の割合

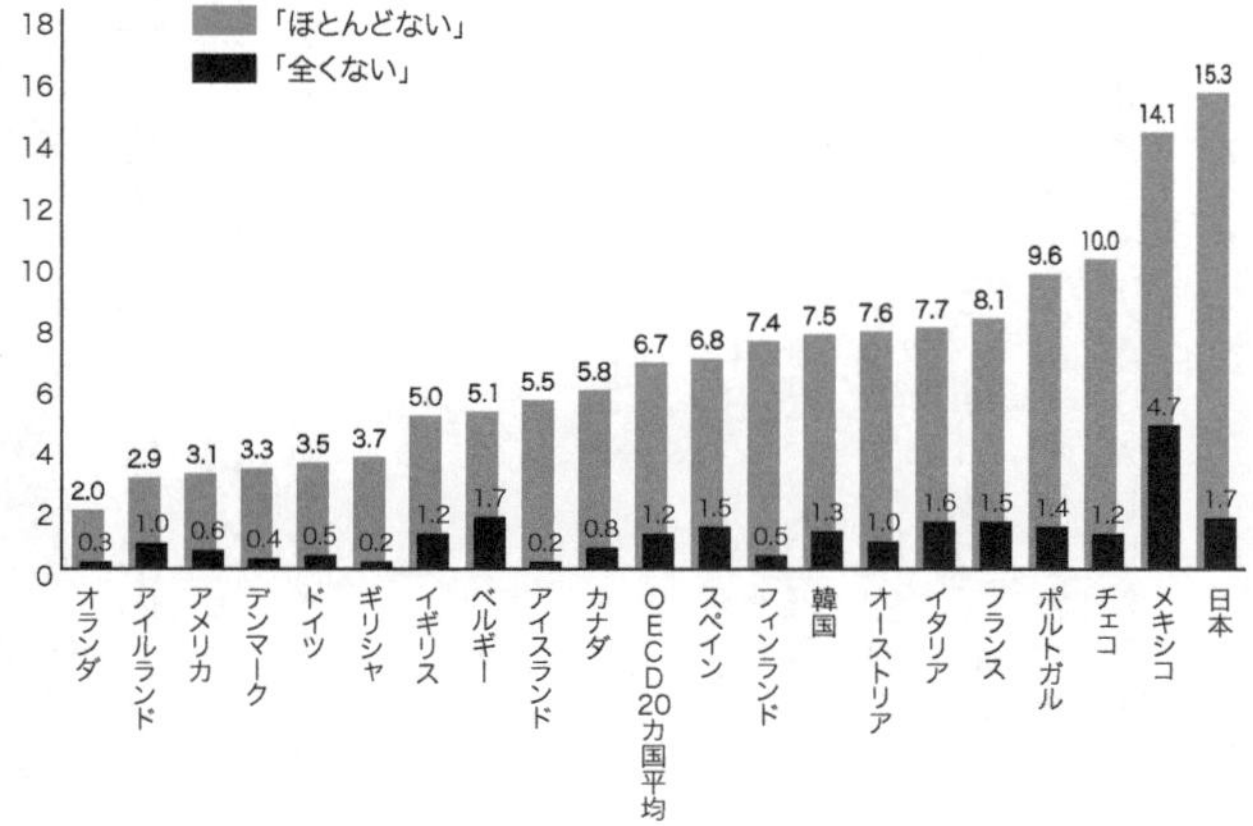

国際機関OECD（経済協力開発機構）の調査（2005年）によれば、友人、同僚、その他コミュニティの人と「ほとんど付き合わない人」の比率は15・3％と平均（6・7％）の2倍以上、加盟国中トップだった（図2-4／「決して付き合わない人」を足した水準はメキシコに次いで2番目）。オランダの2・0％、アメリカの3・1％、ドイツの3・5％などに比べると差は歴然だ。

孤独は深刻な日本の「国民病」なのである。

家族以外との結びつきが弱い

同じOECDの調査によれば、友人と「めったに会わない」割合は30・1％と、アメリカ（6・3％）、イギリス（5・2％）などと比べても大きな差があった。そのほか、宗教やスポーツ等のコミュニティ（ソーシャルグループ）のメンバーと「めったに会わない」という比率も62・2％（アメリカが30・0％、ドイツが24・5％）と、ずば抜けて高かった。

このように、日本ではNGO、NPO、宗教・スポーツ等のサークル・団体といった、コミュニティとのつながりが非常に薄い。アメリカ人は平均で三つ以上のグループ活動に参加しているが、日本人では0・8グループという水準だった。

図 2-5：同居の家族以外に頼れる人

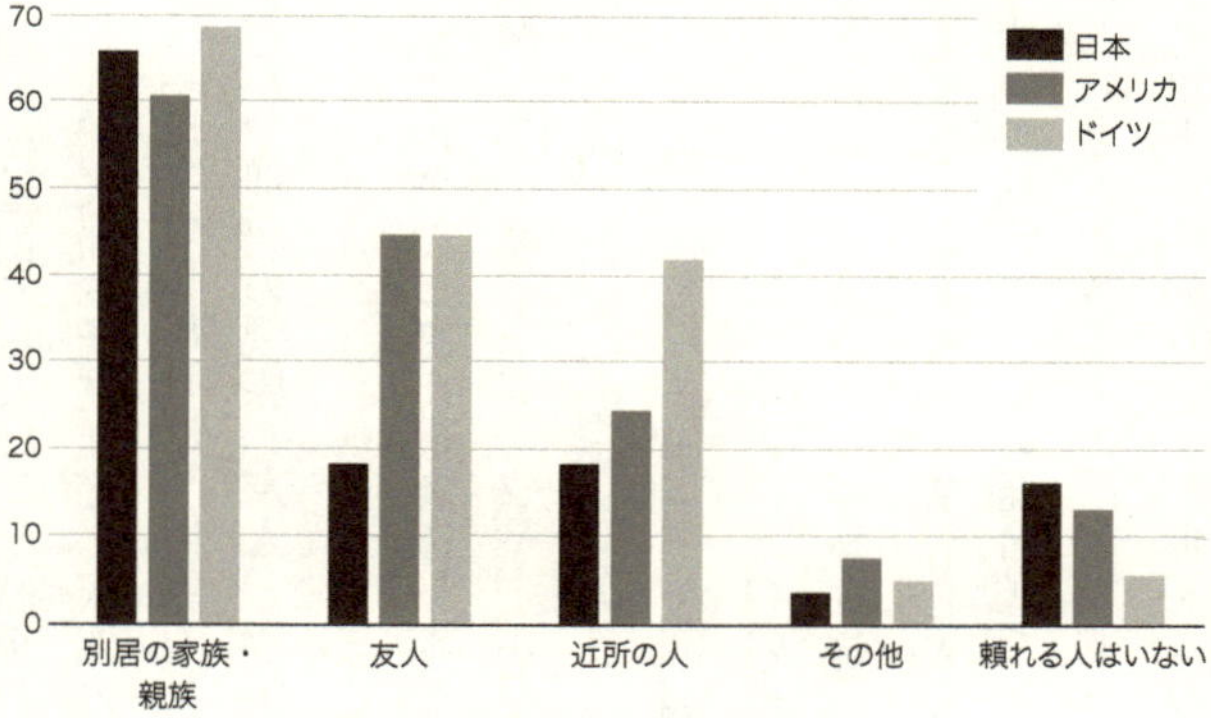

出典：平成 27 年度　第 8 回高齢者の生活と意識に関する国際比較調査

60歳以上を対象にした内閣府の「高齢者の生活と意識に関する国際比較調査」（平成27年度）によると、「同居の家族以外に頼れる人」との質問で、「友人」を挙げた人は18・5％で、アメリカの45・0％、ドイツの45・0％と比べ、極めて低かった。「近所の人」と答えた人は18・3％で、こちらもアメリカの24・6％、ドイツの42・2％より低水準だった（図2－5）。

一方、平成22年度の同調査では、「心の支えになっている人」として「配偶者あるいはパートナー」と答えた人は65・3％（アメリカは46・0％）と相対的に高く、特に男性が78・8％と女性の54・0％を大きく上回り、男性の〝妻依存〟の様子が浮かび上がる。

このように、日本では、職場や親戚、近所の付き合いを重視する人は年々減少しているのに対し、「家族が一番大切」という人は増加しており、夫婦や子供など、家族の人間関係を、より重視する傾向が強まっている（図2－6）。「日本の高齢者は、他国の高齢者と比べ、同居している夫婦や子供との相互依存は顕著だが、別居の親族、友人、近所の人たちとの結び付きは弱い」ということが言える。

ソーシャルキャピタル最弱国日本

家族以外のネットワークや、ボランティアや地域活動への参加などといった社会や地域における人々の信頼関係や結びつきを表す概念を「ソーシャルキャピタル（社会関係資本）」と言い、社会の結束力、人間関係の豊かさを示す指標として近年、注目されている。ソーシャルキャピタルには三つの指標がある。①隣近所や知人、親戚、職場の同僚などとの付き合いや、スポーツや趣味等への参加などの「付き合い・交流（ネットワーク）」、②そうした人々に対する「期待」や「信頼」、③地域活動・ボランティア、NPO、市民活動への「参加」で、この総合値であるソーシャルキャピタルと健康の間には密接な相関関係があることが数多くの研究で明らかになっている。ソーシャルキャピタルが豊かであればあるほど、疾病リスクが低くなり、健康になるということだ。

図 2-6：希薄化する職場・親戚・地域とのつきあいと高まる家族の大切さ

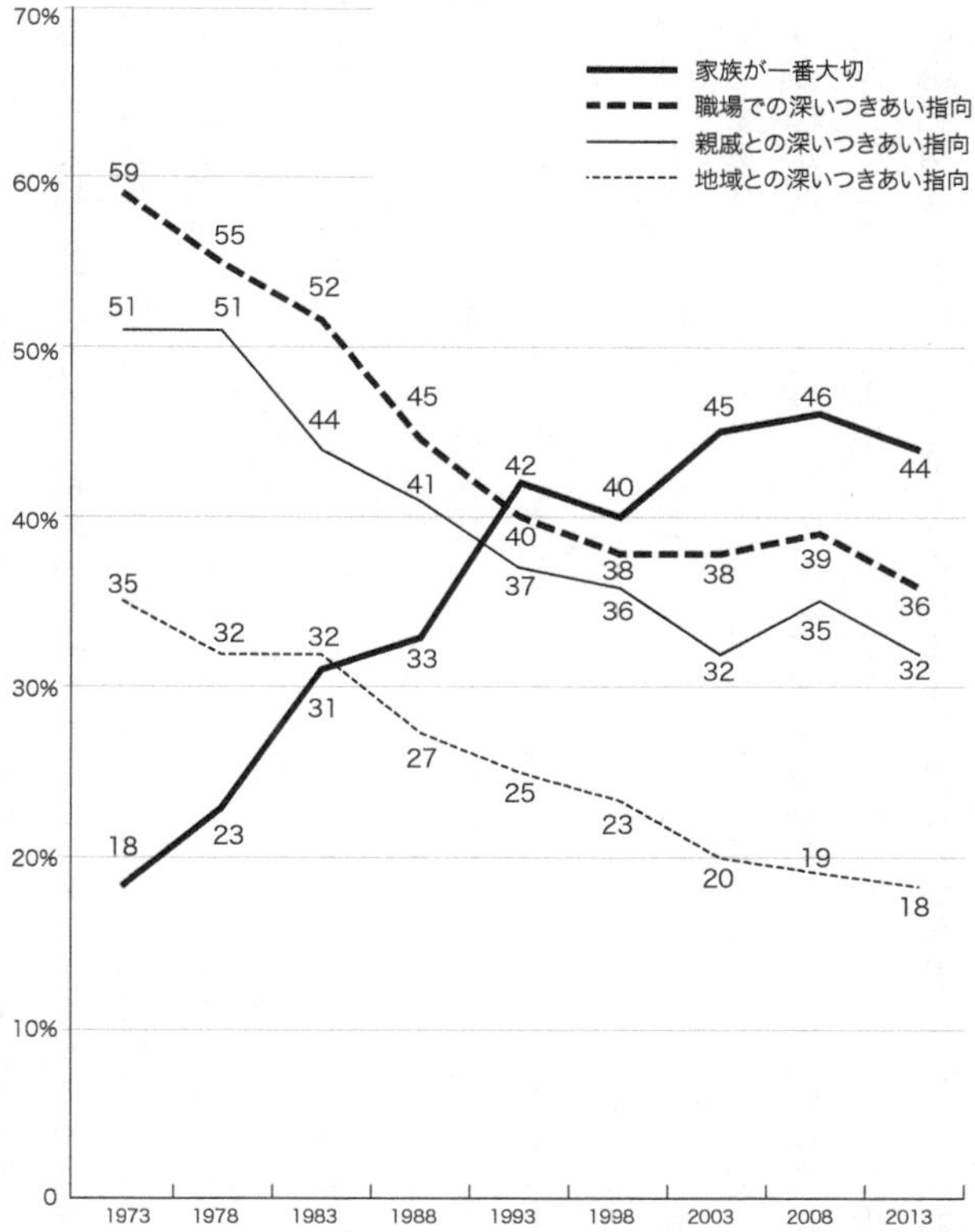

（注）「家族が一番大切」の比率は統計数理研究所「日本人の国民性調査」（20 歳以上 80 歳ないし 85 歳未満の成人対象）による。あなたにとって何が一番大切かという問いに対する回答を整理したもの。深いつきあい指向の比率は NHK 放送文化研究所「第9回『日本人の意識』調査（2013）結果の概要」による。「職場」「親戚」「地域」は「職場の同僚とのつきあい」あるいは「親戚」、「隣近所の人とのつきあい」について、形式的、部分的でなく全面的なつきあい（「何かにつけ相談したり、助け合えるようなつきあい」）を望ましいとする者の割合。

（資料）統計数理研究所「日本人の国民性調査」
NHK 放送文化研究所「第9回『日本人の意識』調査（2013）結果の概要」

（出所）社会実情データ図録（http://www2.ttcn.ne.jp/honkawa/）

しかし、日本はこの値が、際立って低い。イギリスのレガタム研究所は、国の豊かさを評価する「繁栄指数」の九つの指標の一つとして、「ソーシャルキャピタル」を算出しているが、その2017年版のランキングによると、日本は全世界149カ国中、101位。先進国中では最低で、フィリピン、ルワンダ、イラン、ニカラグア、ザンビア、ガーナなどを下回った。日本はほかの指標、例えば「健康」や「安全性」などでは高い数値を獲得しているが、この分野においては、大きく遅れをとっているという結果だった。図2-7を見ていただくとわかるが、他の八つの指標は高いのに、この「ソーシャルキャピタル」だけが突出して低い。まさに日本は人と人とのつながりの最弱国ということになる。「ソーシャルキャピタル」の絶望的低さが国家としての豊かさを大きく引き下げていると言えるだろう。

日本では、個人や家族という「私」と政府やお役所などの「公」の間にあるコミュニティ・組織などの中間集団、つまり「第三のソーシャルグループ」が欧米に比べて極めて脆弱《ぜいじゃく》で、存在感が薄い。例えば、アメリカにおける推定NPO法人数はなんと150万。日本の認証NPOは約5万と雲泥の差だ。2014年のデータでアメリカのプライベートセクターの総雇用者数の10・3%となる約1140万人がNPOで働いており、産業として

図 2-7：国の豊かさを評価する「繁栄指数」～日本の場合

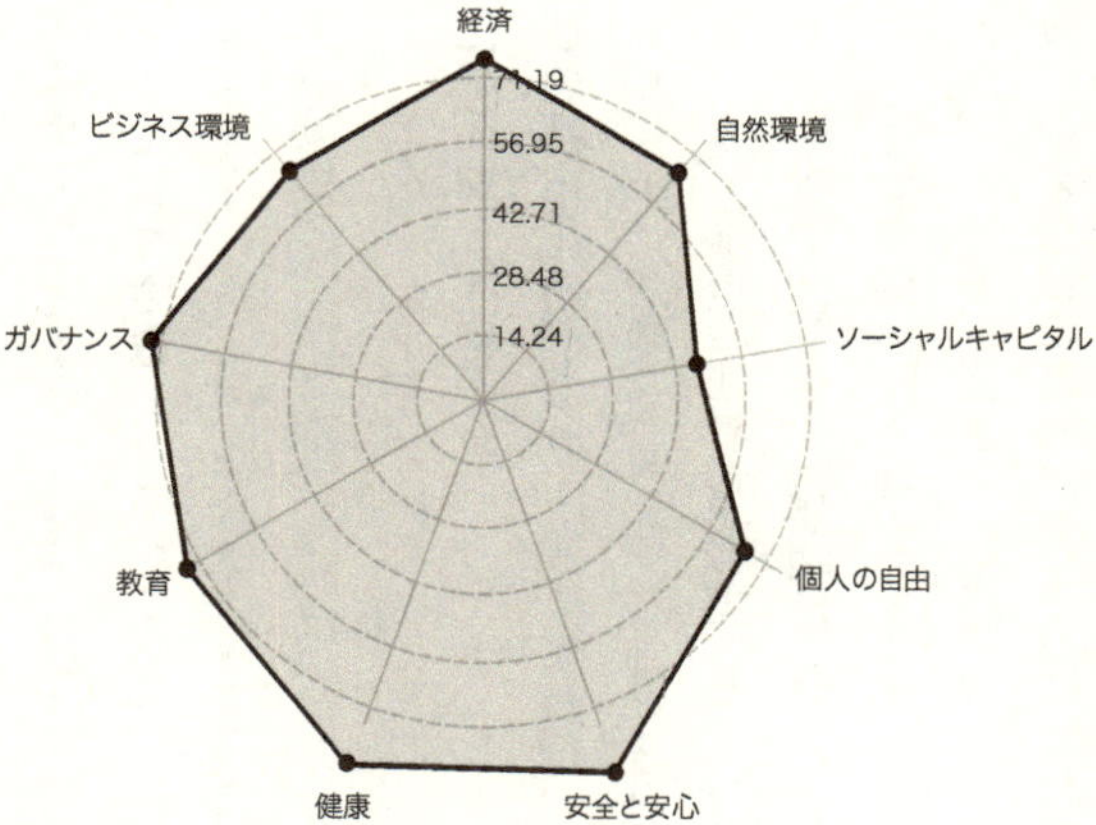

出典：Legatum Institute, THE LEGATUM PROSPERITY INDEX™ 2017

は、小売、製造に次ぐ第３位の雇用を生む一大産業となっている。職員の給料も管理職で年５万～７万５０００ドル（約６００万～８００万円）と比較的高く、人気のある職業でもある。貧困対策から性差別、環境問題、ホームレス、人種差別、薬物依存、途上国支援と、ありとあらゆる社会問題に対応するＮＰＯが存在し、人々のセーフティーネットとなるばかりではなく、ボランティアの機会を数多く創出し、人と人とを結びつける格好のプラットフォームになっている。

そもそも、アメリカなどでは、福祉施策が心もとなく、公のサービスだけではとても、社会的ニーズを満たすことができない。そのため、ＮＰＯが細かいニーズをくみ取り、

「つながり」から抜け落ちていく人たちをサポートする仕組みになっている。一方、日本ではほとんどの福祉サービスが公頼みだ。しかし、政府や自治体が、一人ひとりの細かいニーズにまで対応することはできないため、網の目からこぼれるすべての人たちを掬《すく》いとることまではできない。このように、「サード・プレイス」として、人々の「広場」や「セーフティーネット」となるべきコミュニティが未発達であることも、日本の孤独問題の根本的要因の一つとなっている。

都市化が孤独を加速する

国連の都市化予測2014によれば、日本の都市化率（都市部に住む人口の割合）は1950年に53・4％だったが、2015年は93・5％、2050年には97・7％まで上昇するという。都市居住者が激増するにつれ、村社会型の「地縁・血縁」というセーフティーネットは空中分解し、「無縁社会」化している。また、家父長を中心とした家制度や村社会の「縁」の弱体化を補完していたのが、企業という組織への「帰属意識」「連帯感」だったが、それも、働き方の変化などによって薄れつつある。人々を結びつけていた家族や地域、企業などの磁力が弱まるにつれて、つながりを失い、放り出される人が急速に増えているのだ。

実際、「都会暮らし」が人間に多大なストレスを与えるとする研究は数多い。都市居住者の脳がストレスにうまく対処できない、不安障害に陥りやすい、統合失調症のリスクが高い、などというものだ。古代、人類は大自然の中で、仲間や家族と緊密なつながりを保っていた。人類学的に見ても、コンクリートジャングルの中で、孤立して生きていくことは自然の摂理に矛盾している、という説も根強い。

アメリカの世論調査に基づいた調査では、１９７０年代から２０１０年代にかけて、幸福度は、田舎の小さな町＞郊外＞人口25万人以下の町＞人口25万人以上の大都市という順番だったという（図２－８）。

55歳以上の人を対象にしたイギリスの調査で、ロンドンに住む人の90％が「寂しい思いをすることがある」と回答したのに対し、地方のウェールズでは66％と低かった。こうした調査の前提は、地方のほうが、地域コミュニティや親戚、近所の人や家族との緊密な関係性が築きやすいということだ。より人とのつながりが濃厚な地方のほうが、孤独度は低く、幸福度は高いという推論である。とはいえ、田舎も過疎化によって、櫛《くし》の歯が欠けるように人口流出が進み、人々のつながりは急速に脆弱化している。田舎の孤独も、都会同

図 2-8：幸福度と居住地の関係性

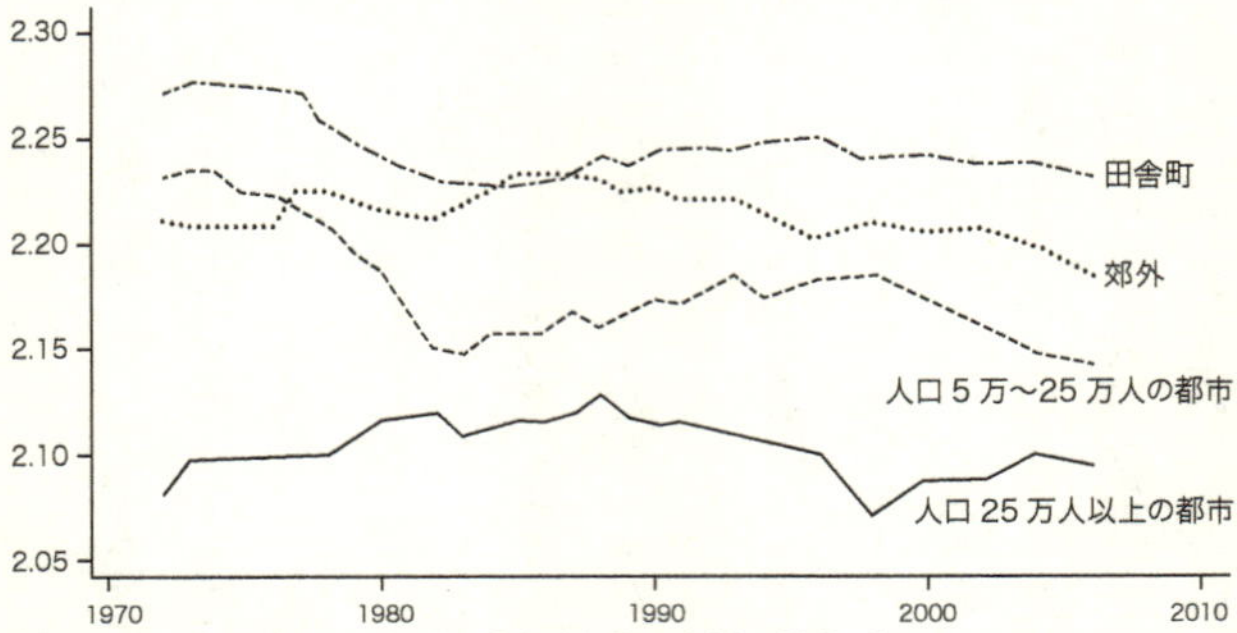

出典：An Urban-Rural Happiness Gradient, Brian J. L. Berry & Adam Okulicz-Kozaryn

様、看過できない状況になっている。

田舎を離れた人の中には、村社会の因習や狭い人間関係、束縛を嫌って、都会を選択したという人も多い。私生活に過剰に立ち入ったり、心ない言葉をかける「田舎のモラハラ」も問題視され、面倒くさい人付き合いを厭《いと》う人たちは一貫して増え続けている。職場や親戚、隣近所と「深く全面的に付き合いたい」という人の割合は右肩下がりだ（図2-9）。今は「形式的」「部分的」な付き合いを求める人たちが多数派を占めている。「田舎にはない利便性と自由を享受している」と感じている都会暮らしの人も少なくないだろう。ただ、「自由」や「独立」は甘美なものだが、「孤独」という代償が伴うこともあるという

図 2-9：全面的で深い人間関係を求める人の比率

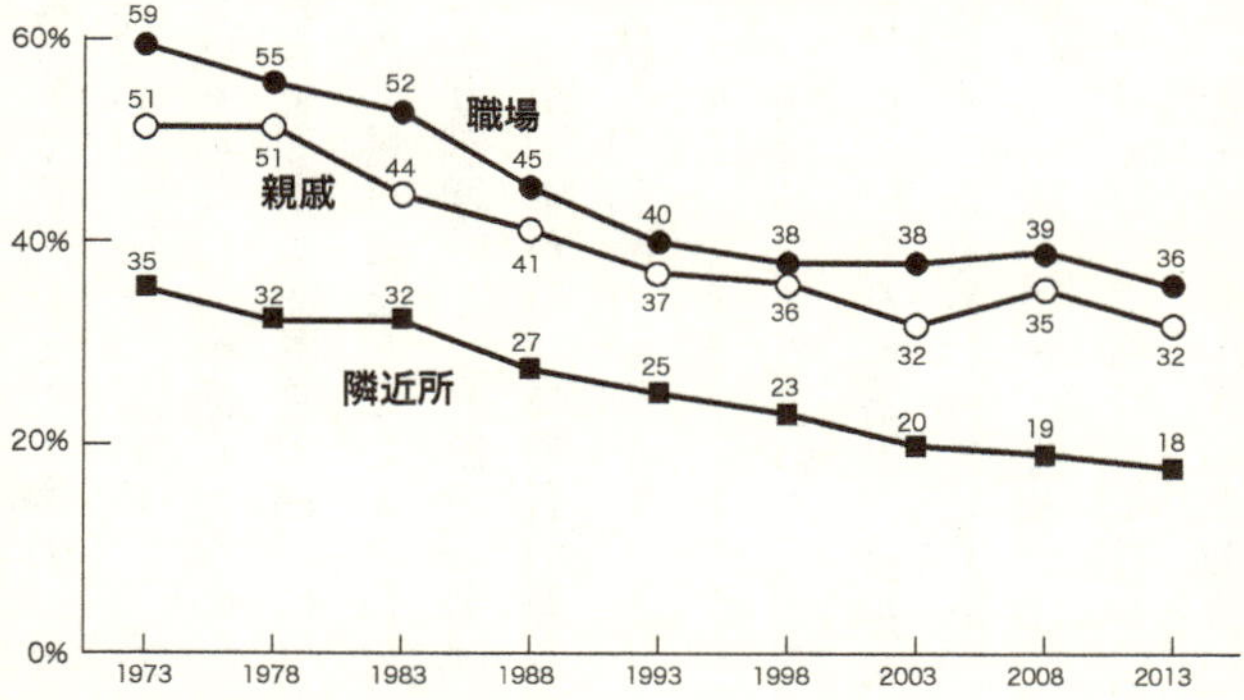

出典：NHK「日本人の意識調査」(2014 年)

ことだ。

問題は、いったん人付き合いから離れると、煩わしい人間関係への耐性が弱まることだ。人と向き合い、話し合い、折り合いをつけていくのは骨の折れる作業でもある。村社会、大家族というくびきから離れて、自由の身になってみれば、もう一度、あの煩わしい人間関係に戻りたいとはなかなか思えないだろう。自由か孤独か、そのジレンマにたやすい解はない。

高齢者はキレやすいのか？

孤独は日本人の幸福感に重大な影響を与えている。

最近、日本で話題になるのが、キレる高齢

者だ。駅や病院などでの暴力、暴言、犯罪などが取りざたされ、高齢者に対する若い世代の反感の声が強まっている。まさに、世代間闘争の様相を呈しているが、なぜ、日本の高齢者はそんなに「不機嫌」なのか。

騒音を理由に保育園の建設に反対する。駅員を怒鳴りつける。店員にいちゃもんをつける。人の言うことを聞かず、自分の主張ばかりを声高に叫ぶお年寄り——。そんなイメージばかりが増幅し、高齢者害悪論がはびこるが、果たして、彼らはそんなにキレやすいのだろうか。確かに、高齢者が怒りやすい、という説はよく聞く。高齢になると脳の前頭葉が収縮し、判断力が低下し、感情の抑制が利かなくなるというものだ。また、男性の場合、男性ホルモンであるテストステロンが低下し、60代、70代になると女性の更年期にも似た抑うつ症状が起きるという。こういったことから、欧米でもGrumpy old man syndrome（気難しいお年寄り症候群）、Irritable male syndrome（イライラ男性症候群）といった症状が顕在化するとも言われている。

しかし、驚くことに欧米では、「年を取ると、より性格が穏やかになり、優しくなる」という考え方も根強い。筆者もイギリスやアメリカで暮らしたが、お年寄りになればなるほど、話し方がゆっくりになり、気は短くなるというより、長くなる印象がある。一昔前までは日本でもこちらのイメージのお年寄りが多かったように思う。

科学的に見ても、そういう傾向を実証するデータは多い。２０１７年1月にイギリス・ケンブリッジ大学の脳科学者たちは脳の分析調査を発表、「年を取るほど脳の前頭前皮質が薄くなり、よりしわになることなどから、気が長くなり、穏やかになる」と結論づけた。ケンブリッジ大学の科学者の言葉を借りれば、「人間は年を取るほど、神経質ではなくなり、感情をコントロールしやすくなる。同時に、誠実さと協調性が増し、責任感が高まり、より敵対的でなくなる」のだそうだ。これはまさに、日本の高齢者に対する評価とは真逆である。

世界一不幸な日本の高齢者

そもそも、日本人は世界的な幸福度の調査などを見る限り、「幸せ度」は高いほうの国民ではない。例えば国連の World happiness Report 2017 によれば、日本の幸福度は世界１５５カ国中51位。サウジアラビアやニカラグア、ウズベキスタンなどよりも低い。ＯＥＣＤの Better Life Index（2015）によれば、人生に対する満足度は38先進国中29番目だった。

図 2-10：年齢による幸福度の推移

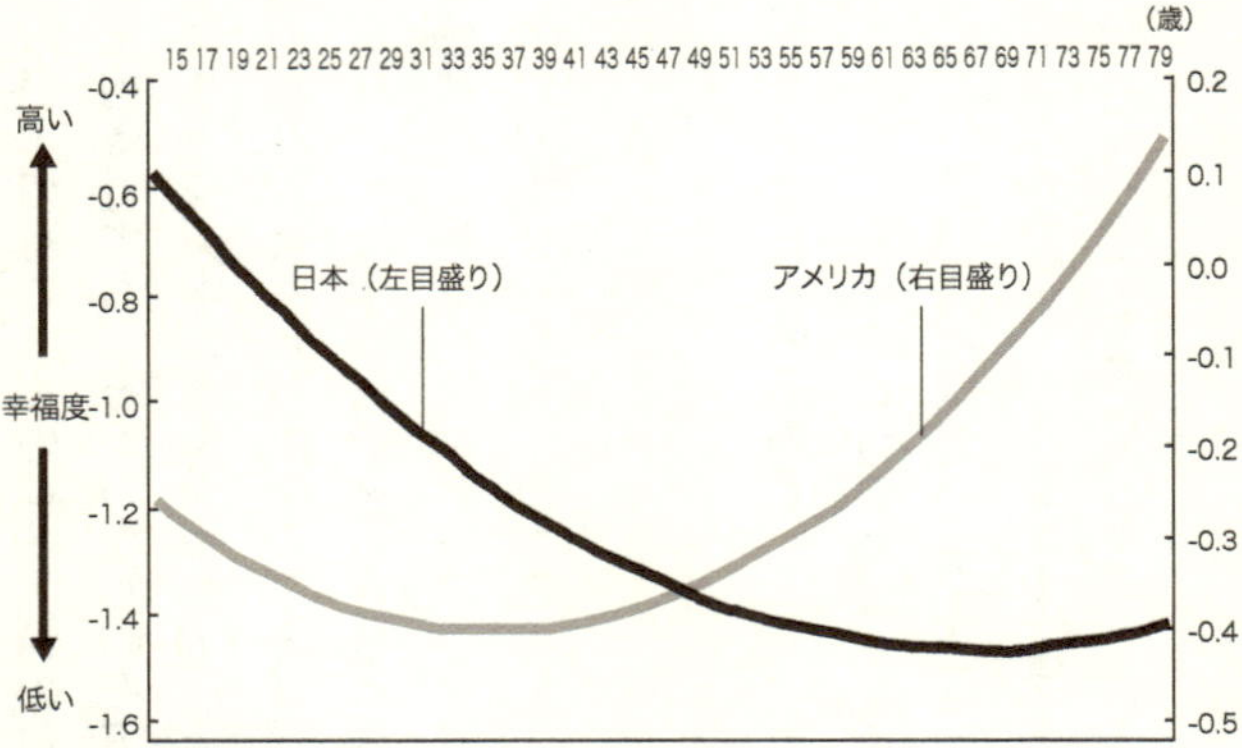

（出所）内閣府資料などより

そうした「幸福」を感じにくい国民性ではあるが、果たして高齢者はどうか。「年を取るほど幸せ」。これは欧米などの調査で表れる顕著な傾向だ。アメリカのノースウェスタン大学などの研究で、83カ国20万人を過去30年間にわたって調査したところ、人は年とともに人をより信用できるようになり、幸せに感じるようになることがわかった。イギリス政府が行った調査では、「人生で最もハッピーなのは65～79歳」などという驚きの結果も出ている。図2－10を見ていただくとわかるように、年代別の幸福度を追った調査で、先進国においては、幸せは若いころ高く、中年で低くなり、高齢になって再び上がるというまさにUカーブを描くという傾向を持つ国が多い。一方、日本では年を取るにつれ、幸福度はただただ下がっていく。

年を取れば幸福になるという傾向について、英エコノミスト誌は「年を重ねるほど、争い事が少なくなり、争い事に対するよりよい解決法を見出《みいだ》せる。感情をコントロールすることができ、怒りっぽくなくなる。死が近づくと、長期的なゴールを気にしなくてよくなり、今を生きることが上手になる」と分析している。日本の「定説」とは全く逆だ。

2017年4～5月の朝日新聞の声欄では、「キレる高齢者が増えている」と指摘する若者の意見に対し、高齢者の立場からさまざまな意見が寄せられている。「暇なのだ」「話し相手がほしい」「自分にイライラしている」「私たちは一生懸命働き、そのお陰で日本は先進国入りをし、東京オリンピックまでやれた（中略）お国のために働き続けてきた私たちの言動を、少し大目に見てもらえないか」「昔のように3世代が一緒に暮らすことも、お寺で法話を聞いた後に他の信者と会話を楽しむことも少なくなった。人生に対する不安や不満を、誰も本気で聞いてくれない。（中略）老年期は寂寥感《せきりょう》が積もるばかり」などといった声が集まった。

病気や身体的な不自由に、金銭的な不安。さまざまな要素は折り重なるとしても、これは世界各国共通の話である。なぜ、日本の高齢者だけがそれほどに、不幸感を募らせているのか。内閣府の「高齢社会白書」（２０１０年）によると、友人がいる人や近隣との付き合いをしている人の場合、９割近くが生きがいを感じているが、友人がいない人ではわずか４割、近隣との付き合いをしていない人では６割にとどまった。

アメリカの有名な心理学者マズローによれば、人間の欲求は５段階のピラミッドのように構成されており、低階層の欲求が満たされると、より高い階層の欲求が現れるとされる。

その階層とは以下のようなものだ。

●第一階層：「生理的欲求」生きていくための基本的・本能的な欲求（食べたい、飲みたい、寝たいなど）。

●第二階層：「安全欲求」危機を回避し、安全・安心な生活がしたい（家・健康など）という欲求。

●第三階層：「社会的欲求（帰属欲求）」集団に属したり、仲間が欲しいという欲求。

●第四階層：「尊厳欲求（承認欲求）」他者から認められたい、尊敬されたいという欲求。

●第五階層：「自己実現欲求」自分の能力を最大限に生かし、「あるべき自分になりたい」という欲求。

つまり、集団に属したり、仲間を求める第三階層の「社会的（帰属）欲求」は、人間の基礎的欲求であり、これが満たされなければ、その上の承認欲求も、自己実現欲求も満たされないということになる。逆に、食や安全という最もベーシックな欲求も充足できない国の人々であれば、帰属欲求にまで意識が及ばない、という考え方もある。つまり、衣食住が満たされ、世界一安全な国であるからこそ、その上の「帰属欲求」を求めるようになっているともいえるかもしれない。いずれにせよ、日本人の幸福度が異常に低い背景には、「つながりの弱体化」によって、欲求の中核が充足させられていないという現実が横たわっている。

第3章　孤独の犠牲になりやすいオジサン

図3-1：社会的集団における友人、同僚、他人と
ほとんどまたはまったく時間を過ごすことのない人の割合

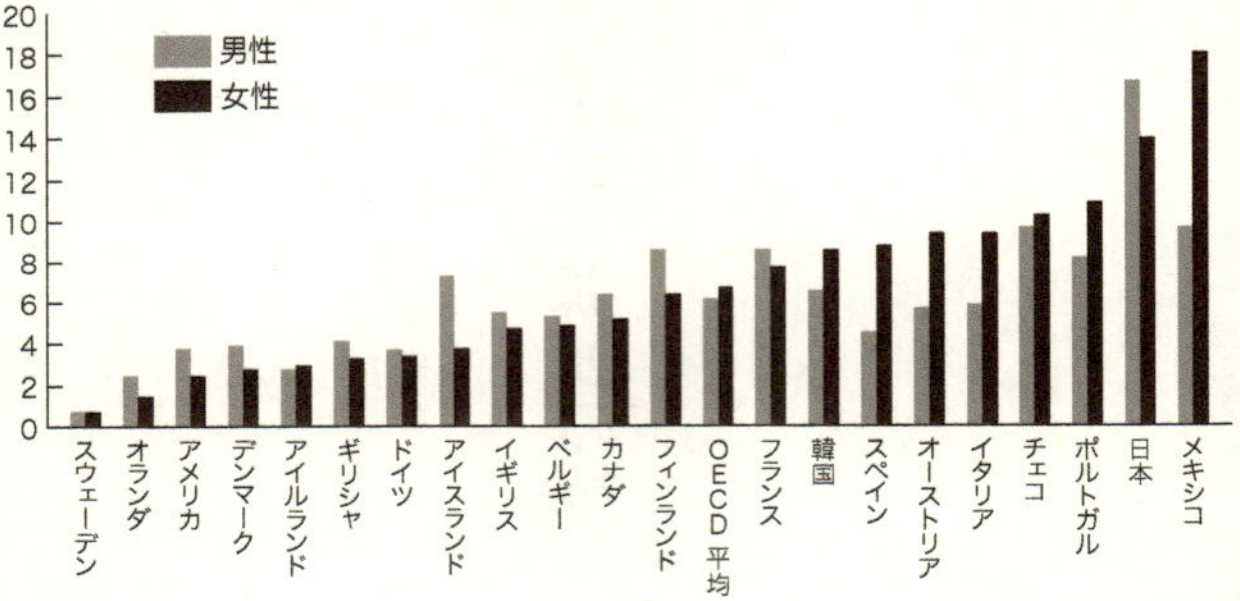

世界一寂しい日本の中高年男性

日本では、孤独は女性より、男性にとってさらに深刻な問題だ。日本人男性は、世界一「寂しい」人たちというデータもある。前章でご紹介したOECDの2005年の調査によれば、「友人や同僚もしくはほかの人々と時間を過ごすことのない人」の割合は日本の男性が16・7%と21カ国の男性中、最も高かった。平均値の3倍に近く、スウェーデン人男性の約1%、アメリカ人男性の約4%などと比べてもずば抜けた水準だ（図3－1）。

ロンドン・スクール・オブ・エコノミクスの研究者による分析では「50～70歳の日本人の多くが孤独を感じているが、特に男性にと

図3-2：一人暮らしの高齢者の孤独度（男女比）

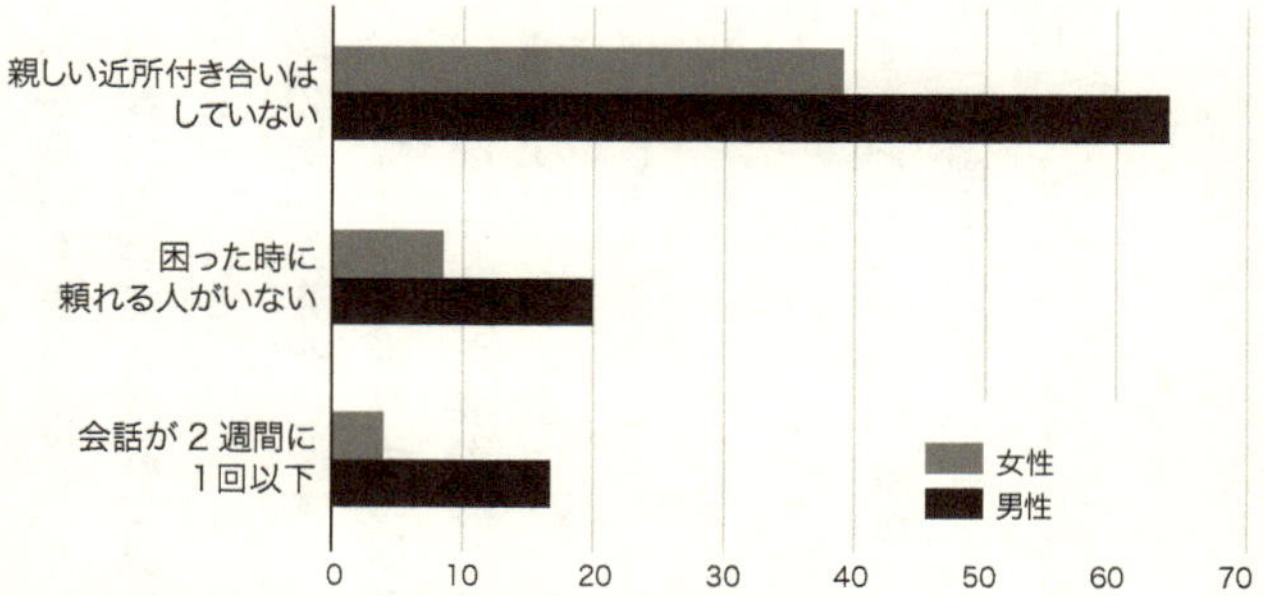

出典：国立社会保障・人口問題研究所「生活と支え合いに関する調査」（2012年）、
内閣府平成26年版高齢社会白書（2014年）よりデータ抽出

ってはより重大な問題だ。男性の場合、『仕事』か『家庭』かの選択肢しかなく、配偶者やパートナーがいるかいないかで人生の満足感や健康が大きく影響を受ける」と結論づけられた。

　日本の65歳以上の単独世帯に「会話の頻度」を尋ねた国の調査では、「2週間に1回以下」は女性の場合は3・9％だったのに、男性では16・7％に上った。また、「困った時に頼れる人がいない」割合は、女性の一人暮らし世帯では8・5％なのに対し、男性では20・0％に達した。近所付き合いでも、「親しい付き合いはしていない」人は女性が39・1％に対し、男性は半数以上の63・9％という結果だった（図3－2）。

社会から置き去りにされたような感覚は幸福感を蝕《むしば》み、生きる意欲をそいでいく。日本人の自殺についての統計を見ると、40〜60代男性の自殺率が最も高く、同世代女性の2倍以上に上っている。

高齢の男性が妻を亡くすと、その精神的なショックは非常に大きい、という話はよく聞くが、実際に、アメリカの研究によると、妻を亡くした高齢男性が死ぬ確率は30％上昇するが、夫を亡くした妻の場合は、全く変化がなかったという。家事など妻に頼りきりで、身の回りのことができない、という理由もあるかもしれないが、話し相手を失い、精神的にも孤立しやすくなるということも影響しているだろう。

なぜ、とりわけ男性が孤立感に苦しめられるのだろうか。大きく分けると、二つの要因がある。一つ目は「コミュニティ」。二つ目は「コミュニケーション」だ。コミュニティとはすなわち「社会的要因」で、雇用制度や社会の仕組みなどの日本人男性を取り巻く「外的」な環境要因だ。コミュニケーションとは、男性の気質や特性に紐《ひも》づく「特質的」「内的」な要因だ。まずは「社会的要因」のほうから考えてみよう。

定年退職という呪縛

アメリカのラスベガスにある全米有数の高級ホテルで働くキャロルさん。今年65歳と言うが、ちょっとヒールの高い靴をはきこなし、颯爽《さっそう》と広いホテル内を歩き回る姿は若々しい。海外赴任した夫について世界を回りながら、子供8人を育て上げ、2年前からこのホテルの人事部でフルタイムの社員として働き始めた。社員イベントを企画するなど大忙しの毎日だが、「PCだって周りの人にいろいろ教えてもらえるし、若い人たちと一緒に仕事をするのは本当に楽しいわ」と目を輝かせる。

「普通ならリタイアする年では」と尋ねると、「続けたい人はいつまでも働くわ。私はもっと働きたいから」という答えが返ってきた。アメリカには「定年退職」という制度はない。多くの人が65歳ぐらいで退職するが、業績や勤務実績・態度などに問題なければ、働き続けることができるという。このホテルには80歳をとうに過ぎた名物社員もおり、親子三代そろって元気に働いている。

そもそも、年齢による差別を禁止しているアメリカでは、履歴書に年齢を書かなくてもよいことになっている。何歳からでも、何歳まででも、スキルがあり、職務を履行できれば働き続けることができる。日本でも、高齢者の雇用者数は増加しているが、その制度に不満を持つ人も多い。

まず一つ目の問題点が55歳の役職定年だ。これは、管理職の社員が一定年齢に達すると、そのポストを外れ専門職などに異動する人事制度で、同じ仕事をしていても、給料がぐんと下がる。突然、ポストを奪われ、部下を失うことなどで、屈辱的な思いを味わう人も多い。

二つ目の問題点が60歳での定年だ。継続雇用は可能だが、待遇はさらに下がり、嘱託など、非正規雇用となるのが大半だ。55〜59歳時点で14・3％だった男性の非正規雇用率は60〜64歳で57・1％と急増し、65〜69歳で74・4％にまで跳ね上がる。こうやって、段階的にそのプライドを蝕んでいくような制度の中で、やりがいを失い、最低限の仕事だけをこなして「緑《ろく》を食《は》む」ようになる人も少なくはない。若い人々から邪魔者扱いされるような視線を感じ、自らの存在価値に対する自信をなくし、さらにやる気を失っていくという悪循環に陥りがちだ。

都内のメーカーに勤める56歳の会社員の男性も、そんな一人。人一倍真面目で、管理職になっても、部下の負担を減らそうと、自ら積極的に仕事を引き受けてきた。しかし、「役職定年」を迎えて待遇が激変し、「一生懸命に仕事をやっても認められない。自分は必要とされていないのではないか」と、最近とみに寂寥《せきりょう》感や疎外感を覚えるようになった。

定年が怖い男たち

60歳以上の日本の高齢者に何歳ごろまで収入を伴う仕事をしたいか調査したところ、「仕事をしたいと思わない」はわずか10・６％。「働けるうちはいつまでも」が28・９％と最も多く、ついで「65歳くらいまで」「70歳くらいまで」がともに16・６％と、就労を希望する高齢者の割合は全体で71・９％に上った。経済的な理由も大きいが、特にそういった事情がなくても「可能な限り働き続けたい」という勤労意欲の高い人、裏返せば、「リタイアメント恐怖症」の人も少なくない。

例えば、企業のトップなどを経験し、金銭的に全く不自由はないが、いつまでも顧問や相談役などとして、営々と会社に残り続けようとする人たちだ。顧問や相談役がワンフロアにあふれ返り、「老人クラブ状態」というのは良く聞く話である。何でも、こういう人々は、「会社の部屋」と「黒塗りの送迎の車」と「秘書」、この〝三種の神器〟を失うことが何より怖いのだという。

彼らが失いたくないのは実は「仕事」ではなく、「名誉」「生きがい」「自分の存在価値」であろう。日本人男性にとって、職場を失うということは、人の根源的欲求である「人として認められたい」「必要とされたい」という承認欲求を満たす場がなくなることを意味する。仕事にいろいろと不満を持ちながらも、職場で認めてもらうこと、評価されることが、人生の大きな駆動力になってきた部分は否定できないからだ。

翻って、欧米などでは、多くの企業のトップや幹部はさっさとリタイアし、気楽に生きることを楽しみにしている。世界に散らばるセカンドハウスを行き来する。好きな趣味に没頭する。フロリダなど暖かい土地の高齢者コミュニティに移り住み、多くの友達を作る……。リタイアメントはまさに、夢を実現する待ち焦がれた時間でもある。チャリティー活動にいそしみ、稼いだお金をごっそりと寄付する人も多い。〇〇図書館、××ホール、などと名前を冠した施設を造ってもらう、慈善事業に寄付して感謝をされ、尊敬される。また、それほど金持ちではなくても、ボランティアなどをして、社会貢献をする。もしくはそういった活動の受け手となって、支援を受けることもできる。そうやって、老後になっても、新たな「つながり」の機会や「承認欲求」を満たす場がいくらでもある。

日本の男性の場合、欧米のように、いい条件を求めて職を転々とするわけでもなく、一生を一つの会社に捧《ささ》げる人が圧倒的で、正規労働者の転職比率は5％にも満たない。同じ会社で長く働き続ければ、「慣性の法則」が働き、例えば、他の企業に転職しようとか、起業しよう、とかといった新たな挑戦にも及び腰になりがちだ。ただの一度も乗り換えることもなく、ずっと同じ電車に乗り続けてきた人がいきなり、電車から「降りてください」と言われたら……。「仕事」と「家庭」以外の「居場所」を作ることができないまま、勤め慣れた会社を離れることへの恐怖感・喪失感は、「外」を知らない人間にとって、喩《たと》えようのないものに違いない。

「名刺」に依存するオジサンたち

名著『タテ社会の人間関係』で中根《なかね》千枝《ちえ》氏は、日本社会においては、人のアイデンティティが職業などの「資格」ではなく、「場」によって規定されると洞察した。つまり、日本人が外に向かって、自分を社会的に位置づける場合、「エンジニア」や「研究者」というより、「〇〇社の者」というアイデンティティ認識が色濃く、家や職場、といった「場」や「枠」による集団構成力が強いということだ。そして、「私の、我々の会社として、主体化して認識され、自己の社会的存在のすべてであり、全生命のよりどころというようなエモーショナルな要素が濃厚に入ってくる」とし、「会社」や「職場」が日本人の意識の中で、いかに大きな役割を占めているのかを指摘した。

雇用の流動化とともに、会社への帰属意識は薄れてきてはいるが、それでも、前項のデータが示すように、転職比率は世界的に見ても例外的に低いわけで、人生の半分近くの時間を割く「会社」によって、自らのアイデンティティのかなりの部分を規定されている側面は否めない。

その「象徴的存在」が「名刺」だ。名刺は世界のビジネスで使われるが、その重要度においては、日本は他国の比ではない。海外では、名刺交換は必ずしも行われるわけではなく、打ち合わせの最後に、連絡先確認のために渡すことはあるが、最近は、SNSなどでの連絡が多くなり、名刺がなくてもそれほど困ることはない。パーティーなどでも、名刺なしで、会話を始めることが一般的で、相手がどんな職業か、どんな肩書なのか、その正体がわからない中で、いかにコンパクトにわかりやすく自己紹介をするか、相手のことを聞き出すかにかかってくるので、コミュニケーションの難度がかなり高い。

まず、名刺交換から入れば、とりあえず、どういった会社なのか、仕事なのか、という話ができ、スムーズに会話が始められる。つまり、会社という「場」に所属していることを示す名刺が、社会的な信用を得るための身分証であると同時に、簡便なコミュニケーションツールになっているわけだ。よって、名刺に知らず知らずに依存し続けてきたサラリーマンにとっては、定年を迎えて、それを失う意味合いは、非常に大きい。紙切れ一枚がなくなるのではない。自分のアイデンティティそのものを失う喪失感さえ覚える人もいるのではないだろうか。

男のプライドという厄介な代物

都内の製薬会社に勤める59歳の男性は、定年後の人生を模索する中で、尊敬する先輩に言われたある言葉が頭から離れないという。「定年を迎えたら、プライドと驕《おご》り、そして肩書きを徹底的に捨てなさい」。日本のオジサンの呪縛《じゅばく》はこの「プライド」という何とも厄介な代物だ。特に終身雇用、年功序列制度という「タテ社会」の中で、係長、課長、部長……と、役職が上がるにつれ、部下という兵隊を手に入れ、指揮していくうちに、敬語で「かしずかれる」ことに慣れていく。「権力」という空気が、「プライド」という風船を膨らませていくようなものだ。

「権力は腐敗する。絶対的権力は絶対的に腐敗する」。イギリスの歴史家ジョン・アクトンはこう言ったが、実際に権力は人を横柄にするらしい。カリフォルニア大学バークレー校のダッチャー・ケルトナー教授は長年、行動学の研究を続け、「自分に力があると感じたり、特権的な立場を享受するなど、権力を持った人はそうでない人より無礼で、身勝手、そして非倫理的な行動をとりやすい」と結論づけた。ケルトナー教授によれば、裕福な人ほど、他人の感情などを理解する共感力が下がり、わいろや脱税など非倫理的な行為が許されると答える確率が高かった。「企業で権力の座についている人は、職場でほかの人の話をさえぎる、会議中にほかの仕事をする、声を荒げる、人を侮辱するようなことを言うなどの可能性が、下位のポジションにある人の3倍に上った」という研究もあるそうだ。

日本のように年を経ると自動的に昇進しやすいシステムでは、人は気づかぬうちに段々とそのプライドや驕りを蓄積しやすいのかもしれない。部下や身の回りの人たちに「俺は偉いのだから、これぐらいしてくれて当たり前」という「甘え」のようなものが生まれている可能性はある。

友人の選挙を手伝っていた女性は、中高年のボランティアの人たちと一緒に仕事をするうちにあることに気づいた。女性たちは、おしゃべりを楽しみながら、自然に共同作業を楽しむのだが、男性は時々、声がけや感謝の意を伝えないと「すねてしまう」ところがあった、と言うのだ。「『すねる』『ひがむ』『うらむ』という言葉の裏には『甘え』がある」

と精神科医の土居健郎《どいたけお》は著書『「甘え」の構造』で指摘したが、「無償の奉仕」に慣れない男性は、知らないうちに、自らの「奉仕」に対し、「働きを認め、プライドをくすぐる」という「対価」を求めているところがあるのかもしれない。

膨張したプライドは、人とつながりを作ることを非常に難しくする。相手の気持ちに寄り添い、共感し合い、理解し合うことで、関係性は深化していくが、強すぎる「エゴ」（自我）は、そうした「歩み寄り」を阻むからだ。とはいえ、ひとたび築いた誇りや自尊心は、そう簡単に拭《ぬぐ》い去れるものではない。男性は仕事という戦場で、盾と剣で戦い続けている内に、「プライド」という分厚い鎧《よろい》をまとってしまったのかもしれない。その鎧はハンマーでもトンカチでもドリルでも壊れないので、自分から脱いでいくしかないのだが、それが死ぬほど難しい。「武士は食わねど高楊枝《たかようじ》」というように、「体面」を保ちたいと願う男性は「群れるより、孤高」を選ぶ。本当は寂しいのに、そうやって「やせ我慢」をしてしまっている人は少なくないはずだ。

なぜ、年を取ると友達が作りにくいのか

皆さんに「親友」はいるだろうか。筆者にも親しい友人は何人もいるが、学生時代のよ

うに、濃密に時間を過ごす友達はなかなかいない。ソーシャルメディアで何千人もの人とつながっていたり、短時間に何百通ものメッセージを受け取る今どきの若者の姿などを見ると、あきれてしまう。が、同時に、簡単に時間軸・空間軸を超えてネットワークを広げる身軽さが少しだけうらやましく思えてくる。

年を取れば取るほど、友達を作ることが難しくなる。これはさまざまなデータや研究でも実証されている。２０１４年のアメリカのフェイスブックユーザーの平均友人数のデータを見ると、18～24歳までの平均が６４９人なのに対し、25～34歳は３６０人、35～44歳は２７７人、45～54歳は２２０人、55～64歳は１２９人と、年を取るほど少なかった。

オックスフォード大学などの研究によると、友人のネットワークの輪は10代から20代にかけて広がり、25歳をピークに、その後は縮小トレンドに入っていくという。この背景にあるのは、生活環境の変化だ。家庭や仕事、睡眠、運動、趣味……。20代を過ぎると、日々に追われ、毎日のように会い、何でも話し、悩みを分かち合った学生時代のような友人関係を維持することは難しくなる。また、就職、結婚や出産などライフステージが多様化し、従来の友人とは異なる生活環境に置かれてしまい、連絡をとりにくくなるという事情もあるだろう。オランダの調査では、人は7年ごとに親しい友人の半分を失っていくという。恋人ができると2人の友人を失う、という調査もある。

特に、「プライド」という「鎧」を身にまとった男性は、新しい友達を作ることに抵抗を感じやすい。鎧を「装着」する前に作った友人、つまり、幼馴染《おさななじみ》、学校の友人などとは容易に打ち解けられるのだが、問題は、地元を離れてしまった人は、頻繁に会って交流することができないことだ。

それに、日本のサラリーマンはとにかく忙しすぎる。例えば、50代以上の「モーレッサラリーマン」であれば、仕事最優先、出世や昇進を目指してがむしゃらに働く中で、社外のコミュニティ活動などなかなか時間がとれなかった。ここのところの「働き方改革」で突如、暇ができても、いったい、自分がなにをやりたいのかわからない、と戸惑う人も多い。「イクメン世代」の30代、40代の男性たちも、仕事も家事も頑張れと、ハッパをかけられ、自分の時間もままならないこの頃だ。本人は頑張っているつもりでも、妻にはダメ出しをされ、毎日、家庭と仕事の板挟み。結局、友人との時間、趣味の時間を諦《あきら》めざるを得なくなってしまう。

一方で、妻は子育てや職場、趣味などを通じて、親密で強力な「ママ友」や仲間の輪を広げており、気が付くと、夫と妻の間には2人の溝より大きな「ネットワーク格差」が生まれているものである。

定年を迎え、自分のアイデンティティそのものだった「職場」を失い、「家」でも邪魔者扱いに。そんな恐怖心で、「バラ色のリタイアメントライフ」の絵を描けないオジサンたちは少なくないだろう。

皆さんにお聞きしよう。「ここ5年以内で、仕事以外で、親しく飲みに行ったり、話をする新しい友達や知り合いができましたか」。もし、答えがＮＯであれば、孤独予備軍、もしくは堂々の孤独正規軍の仲間入りである。

美化される孤独

言葉にしなくても伝わる。島国日本ではこうした考え方が根強い。「沈黙は金なり」「以心伝心」「言わぬが花」「阿吽《あうん》の呼吸」「言わぬは言うに優《まさ》る」「巧言令色鮮《すくな》し仁」「不言実行」「口は災いの門」、そして、「斟酌《しんしゃく》」に「忖度《そんたく》」、さらに、ＣＭで有名になった「男は黙ってサッポロビール」。いったい、どれぐらい、同じような言い回しがあることか。

「ぺらぺらしゃべる男なんてろくなもんじゃない」。そんな気風の中で、特に男性は、「孤高」であることが美化されてきた。高倉健《たかくらけん》のように無口で「群れない」人が、男らしく、究極的にかっこいい、そんな固定観念が根強いように感じる。

こうした「理想の男性」像は日本だけではなく、世界にも共通するところがあるようだ。ニューヨーク大学のウェイ教授（心理学）は少年期から青年期にかけてのアメリカ人を追跡調査し、思春期にその友人関係が大きく変質することを突き止めた。幼少期から少年時代にかけては、女の子と同様に同性の友人たちと深く、緊密な関係を築いていたのに、青年になるにつれて、そうした結びつきをあえて遠ざけるようになってくる。心の奥底では近しい関係性を継続したいと思っているが、「男同士で群れることは男らしくない、ホモセクシュアル的である」という社会通念や価値観に押しつぶされてしまう、とウェイ氏は分析している。アメリカでいえば、「カウボーイ」のような「ローンウルフ」（一匹狼）が「男らしい」とされるわけだが、「男は自立し、ストイックであるべき」という「マッチョ」信仰が、男性を孤独へと追いやる導火線になっているわけだ。

「男の孤高をロマン視する」考え方は日本だけではないわけだが、日本は特に、武士道文化、禅文化などと相まって、その色合いが強いように感じる。ヨーロッパの騎士道には、レディファーストの語源となったように貴婦人崇拝の概念があるが、武士道にはそうした女性との積極的な結びつきを重視するような考えはない。また、キリスト教と比べ、禅ははるかにストイックだ。こうした内省的な志向が、いまだに日本人男性の「他者とのかかわり方」の根底にあるようにも見えるのだ。

「孤独が男を鍛える」。こういった「神話」は広く日本に浸透しているのか、例えば、「男」と「孤独」でネット上で検索すると、「かっこいい」「もてる」「魅力」などといった連想ワードが登場する。孤独の本といえば、「孤独が男を作る」「孤独が一流の男を作る」「孤独が男を強くする」「孤独のすすめ」「孤独の力」「孤独が君を強くする」など、「礼賛型」ばかり。もちろん、時には孤独は重要だ。自分だけの時間の中で、人は思索をし、鍛えられる。しかし、だからといって、孤独を美化しすぎることは実はとても危険なのだ。

「男らしさ」の縛り

２０１７年12月のアメリカの権威あるピュー・リサーチ・センターの調査によれば、87％の人が、男女の間に「感情の表現の仕方」に違いがある、と回答した。「身体能力」（76％）、「趣味や関心」（68％）、「子育て」（64％）といった観点で、男性と女性では、全く異なる行動や考え方をする、ととらえられていることが明らかになった。

「社会が男女それぞれにどういった特質を求めているか」という質問に対しては、「男性に求められているもの」のトップ3は、①誠実さ・道徳心、②職業・金銭的成功、③野心・リーダーシップ。一方、「女性に求められているもの」のトップ3は、①身体的魅力、②共感、育成、親切心、③知性、という結果だった。

「男らしさ」の連想ワードは「強さ」「自信」「自己主張が強い」「筋骨たくましい」「低い声」「ひげ」で、「女性らしさ」として挙がった「優美さ」「美しさ」「世話をする」「育てる」「化粧」「洋服」などとは全く異なるものだった。男女同権の時代であり、女性の社会進出が進んでいても、結局、男性は「男らしさ」、女性は「女らしさ」というものに縛られているということだ。

この「男らしさ」(manliness) こそが、孤独 (loneliness) の元凶である、という見方もある。男性ジェンダー学の第一人者である社会学者のマイケル・キンメル氏は昨今の欧米で頻発するセクハラ事案の根底には、「男は男らしくあるべき、といった伝統的、遺伝的な考え方」があるとし、同時に、そうしたとらえ方そのものが、「孤独や空虚感、つながりの欠落、共感や思いやりの抑圧を生み出すレシピなのだ」と述べている。

こういった○○らしさの縛りは、もちろん、女性にも根強く存在し、「美しくあれ」「かわいらしくあれ」といった圧力はあるものの、伝統的な価値観を抜け出て、女性が強く、自立した「男性的」な生き方を志向することはポジティブにとらえられるようになっている。例えば、女性が、これまで男性の独壇場だったパイロットや科学者、技術者などといった職業で活躍することは、ヒーローのように賞賛される。一方で、男性が、女性が大多数の職業、例えば「キャビン・アテンダント」「バスガイド」などとして活躍する話はあまり聞かないし、日本社会ではいまだに、男性が「女性らしい」言動をすることに、強い偏見のようなものが残されているようにも感じる。

つまり、女性が男性のようにふるまうことはある程度、許容されても、男性が女性のようにふるまうことにはまだ、抵抗があるということではないだろうか。長年、「ジェンダーの壁」を打ち破ろうと戦ってきた女性が、その成果を少しずつ手に入れ始めているのに対し、男性はいまだにその因習にとらわれ、「男らしさ」の縛りで身動きができなくなっているように見えるのだ。

「言わなくても伝わる」という神話

筆者は新聞記者、PRコンサルタント時代を通じて、千人以上の日本の企業のトップやエグゼクティブのコミュニケーションを観察してきた。ソフトバンクの孫正義《そんまさよし》社長や日本電産の永守重信《ながもりしげのぶ》社長などのカリスマリーダーのオーラとコミュ力に圧倒されることもあったが、多くの人が、「コミュニケーション」をそれほど重視していないことに驚かされた。

指示、激励、交渉、士気高揚、統率……。リーダーシップとはすなわちコミュニケーション活動そのものであると思うのだが、なぜか、それについて深く考え、伝わるようにコミュニケーションをとろう、と意識している人は少ない。言語も意味も不明瞭《ふめいりょう》、それでも、言えば、伝わるし、時には「言わなくても伝わる」と思い込んでいる。

「コミュニケーションの最大の問題点は、それが達成されたという幻想」という文学者バーナード・ショーの言葉どおりで、何か言葉を発しさえすれば、いや、発しないまでも自分の存在感だけで、コミュニケーションは成立しているという錯覚にとらわれている。まさに「忖度」や「腹芸」の文化なのである。

国際的によく知られているのは、日本人は「極めてハイコンテクスト」のコミュニケーションスタイルである、ということだ。コンテクストとは文脈という意味だが、話し手と聞き手との間の文化的背景・文脈の共通性が高いのがハイコンテクストの文化、低いのがローコンテクストの文化ということになる。

この概念は１９７６年にアメリカの人類学者エドワード・ホールによって提唱された。

島国であり、人種・文化的な多様性があまりないモノカルチャーの国、日本の場合、話し手と聞き手との間に共通項が多く、言葉を尽くさずとも何となくわかりあえる「暗黙知」がある、という考え方だ。

一方、ローコンテクストの文化では、共通項が少ないので、きっちりと言語化し、クリアで、シンプルでわかりやすいメッセージを伝え、あいまいさを排除しなければならない。ハイコンテクスト文化とローコンテクスト文化は対極のスタイルだが、その中でも人種のるつぼであるアメリカが最も、ローコンテクストな国であり、日本は反対に最もハイコンテクストな国と位置づけられている。

異なる文化、人種、背景を持つ人同士が理解しあうためのたった一つの手段はコミュニケーションである。だから、アメリカでは徹底して、言語化し、メッセージ化し、口頭で伝える教育が行われる。アメリカと日本とのコミュニケーションスタイルの違いは宣教師と禅僧をイメージするとよくわかる。アメリカの宣教師は聖書という言語化されたクリアなメッセージを、声に抑揚をつけ、大げさなジェスチャーで感情を込めて演じるまさにパフォーマー。一方の禅僧は感情を極力抑え、静的でエニグマティックな問答によって、悟りを開く。全く趣の異なる世界観なのである。

このように、「以心伝心」「無口上等」という文化の下で、日本人男性が「言葉にして話し、伝える」力を鍛える機会はそれほどなかったし、その必要もなかった。しかし、村や地域という同質性の高いコミュニティが失われ、異質性の高いグローバル社会へと移行していく中で、他者とつながっていくためには、「コミュ力」という道具がますます必要になっている。

コミュニケーションが怖い男性たち

沈黙が美徳とされるカルチャーだけに、日本人は世界的にも無口な人たちだと思われている。アメリカのテレビのドラマに登場する日本男性は、たいてい、メガネをかけていて、口をへの字に曲げ、愛想がない、不機嫌な「エロおやじ」というのが相場である。エロかどうかは定かではないが、アメリカ人などと比較すると確かに口数が多いほうではない。

言葉数だけではなく、そもそも、日本人は見知らぬ人と話すのがあまり得意でないという印象を強く受ける。東京などの都会では、見知らぬ他人との垣根がとても高い。「面識なく、話しかけるのは失礼」という意識があるのか、知らない人同士が会話を交わす機会は本当に少ない。

これについては、「家」や「職場」という閉鎖的な「ウチ」とそれ以外の「ソト」との壁が厚く、知らない人はすべて「ヨソ者」ととらえており、そうした精神性が「社交性の欠如」を生む、という見方（中根千枝『タテ社会の人間関係』）もある。また、日本人が内と外という言葉で人間関係の種類を区別し、「遠慮」がない身内は「内」で、「遠慮」のある義理の関係は「外」ととらえているという考え方などもあるが、「見知らぬ人」に対して、極端に「遠慮」しているところはあるように感じる。そもそも、尊敬語、謙譲語、丁寧語、など相手との距離感に応じて、3種類もの敬語を使い分けている国は他にない。

アメリカに住んで気づいたのは、初めて会う人との間で会話が交わす機会が日常的にあることだ。エレベーターでも、電車でも、店でも、レストランでも、何気ないきっかけで会話がスタートする。「そのドレス素敵ね」「今日は暑いね」「何を買ったの?」などなど、たわいのない話だ。パーティーや街角、学校、会社など、どこでも、こういったきっかけから、知り合いになる人もたくさんいる。女性も男性も関係なく、多くの人が「雑談力」の本など読まずとも、何気ない会話の糸口を知っている。

こういう点では、関西の人、特に大阪の人はアメリカンスタンダードなのか、随分とコミュニケーションの垣根が低いようだ。大阪から東京に転勤してきた知人いわく、大阪の人は、エレベーターであったら、必ず知らない人とでも挨拶《あいさつ》するし、会話をする。電車で隣に座った見知らぬ人とも、自然と声を交わす。何かの席でおばちゃんの隣に座ったら、必ず「あめちゃん」をくれる。「東京の人は何と気取っているのか」とカルチャーショックを受けたという。

関東の人間は、常に「こんなことしたら、言ったら、『自分はどう思われるかな』」と考えているところがある。ある意味、慮りすぎているのだ。「話しかけられたら迷惑かな」「席を譲られたら、迷惑かな」「手伝ってあげたいけど、やっぱり迷惑かな」。こうした日本人独特の価値観が、過剰な気配りに発展してしまう。先日、筆者は、羽田《はねだ》空港までのモノレールで、「当列車は1分遅れて運行しております。迷惑をおかけして大変申し訳ございません」というアナウンスを聞いて、仰天したが、「子供を泣かせたら……」「公園で声を上げたら……」などなど、「迷惑」の呪縛が、日本の社会を息苦しくしている。「皆様にご心配とご迷惑をおかけして申し訳ございません」と誰かが24時間、どこかで謝っているが、こうした極度な「『迷惑』恐怖症」が、日本人の口を塞《ふさ》いでいるようなところもあるだろう。

特に最近では、会社でも街角でも、ふとした発言が「不適切」と言われ、問題になることが増えた。以前働いていた会社で、「社内で起こったセクハラ（ととられかねない）事案」が定期的に社内に周知されていたのだが、「エレベーターで男性に話しかけられ、気持ち悪かった」などというものまであった。また、警察が、子供の保護者に周知する「不審者情報」で、「見知らぬ男性が女児に『さようなら』と言った」という情報が回覧され、「挨拶もダメなのか」と、ネット上では話題になっていた。

気の毒に思うのは、女性が見知らぬ人に声をかけても、そういった問題になることは少ないが、男性だと、「セクハラだ」などと誤解を受けてしまうかもしれないことだ。ちょっとしたお節介や親切、言動が問題化する「一億総〝炎上〟」時代に、ただでさえ寡黙な日本の男性陣が「無駄なことは言わないでおこう」と貝のように口を閉ざしかねない。

スキンシップ最貧国

人と人との関係性について日本と海外を比較した時に、気が付くのは、日本人のスキンシップの少なさだ。手をつなぐ、ハグをする、腕を組む……。海外に行くと、カップルたちの目のやり場に困るようなイチャイチャぶりに戸惑う方もいると思うが、日本は「つつしみ深さ」を美徳とする文化だけに、公衆の面前でのそういったスキンシップの機会は欧米に比べて圧倒的に少ない。

スキンシップは実は和製英語。英語では Physical Intimacy（肉体的親密性）という。欧米であれば、握手は日常茶飯事だし、人と会った瞬間や別れ際にハグをしたり、頰にキスをするような動作も一般的だ。男性が握手をした後に、相手の背中に軽く触れたりすることもある。国土が狭く、住居も小さい日本では、例えば、混んだ電車の中など、人々の間の物理的距離は欧米に比べて近いのに、他者と肌を触れ合うようなコミュニケーションをとることがほとんどない。

同じアジアの中でも例えば、お隣の国、韓国は、男女ともスキンシップが非常に盛んなお国柄。公共の場でも、カップルは抱き合ったり、キスをするのは当たり前で、髪の毛を触ったり、顔をなでたり、完全に他が見えていないいちゃつきぶりだ。女性同士も手や腕を組み、大人の親子も平気で手をつないで買い物に行く。男性同士でも肩を組んだり、腰に手を回したりといった姿を目撃することもあるらしい。中国でも、友人や家族などと腕を組んで歩くことは珍しくないそうだ。

多くの研究者がスキンシップの効用について検証しているが、スキンシップは人間関係に数多くのポジティブな影響をもたらすと言われている。例えば、暴力的行為を減らす、信頼の醸成、強いチームワーク、疾病の減少と免疫力の向上、学習力の向上、健康増進など、その効果は絶大だ。アメリカの調査では、ハグをする人は風邪などにかかりにくくなり、かかったとしても治りやすい、ストレス耐性が増すという結果だった。肌を触れ合うことは、愛情ホルモン「オキシトシン」の生成を促す。スキンシップは人間のコミュニケーションやつながり、そして健康にとって必須のものなのだ。

人間は「本能的に接触要求を持つ生き物」であり、スキンシップは人間にとって、最も強力なコミュニケーションの手段である。しかし、文化的な背景もあり、日本では人と人が密接な関係を築くのに必要なスキンシップの機会がほとんどない。特に、男性は女性に比べて他人との接触機会が少なく、配偶者や恋人以外との接触があまりない。

米国人のコミュニケーション研究者D・C・バーンランドは、1975年に、日本と米国の大学生を対象に、身体接触についての研究を発表したが、その中で、日本人の身体接触量は米国人の2分の1と結論づけた。

本当はもっと少ない感じもするが、不思議なのは日本人の場合、子供に対しては、一緒にお風呂に入る、添い寝をするなどスキンシップが盛んだが、青年期以降には劇的にその機会が減少することだ。一つの見解として、スキンシップが過度に性愛的なものとしてとらえられているきらいがある。

また、最近は、女性の肩をたたくだけで、「セクハラ」などと訴えられかねないご時世だけに、過剰に恐れる風潮が強まっていることも影響しているかもしれない。日本人のスキンシップに対するハードルの高さは世界的に見ても明らかに異常だ。「孤独」について周囲の男性たちと話をすると、驚くほど多くの男性が、「セックスレス」の悩みを口にする。40代や50代で「5年」も「10年」もキスを含めたスキンシップがない、と言う。20代後半の男性が、彼女と同棲《どうせい》しながら、「3年間セックスレスです」と言ったのにも仰天したが、「草食」ならぬ、「絶食系」男子も増えている。

2005年の調査によれば、1年間の日本人のセックスの回数は45回。世界平均の103回の2分の1以下、トップのギリシャの138回の3分の1という少なさで、ダントツの「セックスレス大国」だった（図3-3）。

人のぬくもりを感じることが世界で最も少ない日本人。その孤独解消に「ペットロボ」「人型ロボット」を活用しようなどといったアイディアが登場するのが極めてこの国らしい視点である。「人と人との温かいつながりを作る」ための本質的な議論が悲しいぐらいに置き去りにされている。

図 3-3：性行為の回数（1年あたり）

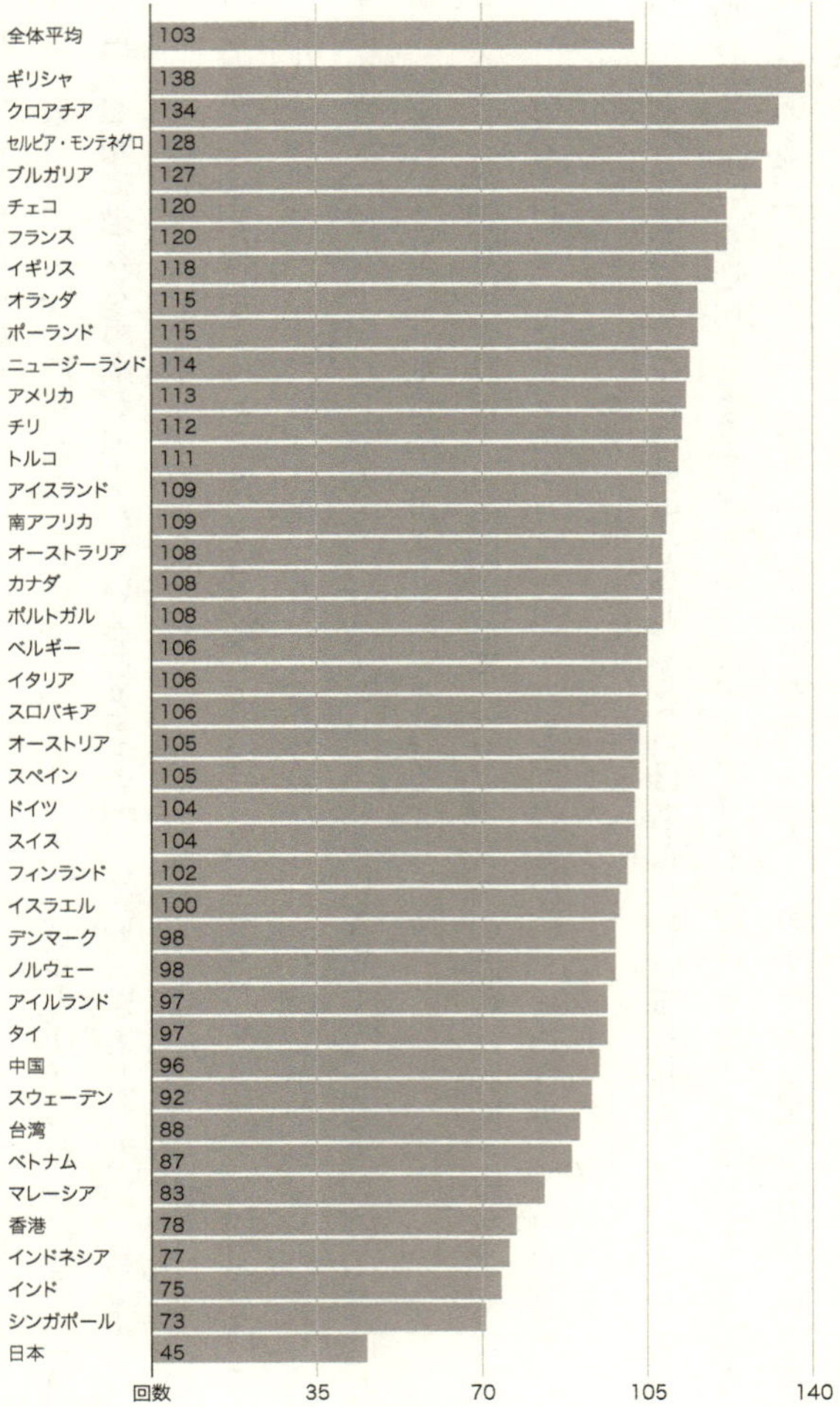

出典：durex Global Sex Survey 2005

世界一の親不孝国、日本

「昔の日本のようなところがある」。台湾人の夫を持つ友人にそんな話を聞き、台湾まで足を延ばしてみた。親日的で、日本文化の影響も受けていると言われ、さまざまな共通項を持った人々との間に、「孤独度」に違いはあるのか見てみたかったのだ。似て非なる国。相似点もある一方で、相違点も多かったが、日本が戦後、いったい、何を失い、孤独への道を歩み始めたのかを解くヒントになる風景を多く見かけた。

まず、街中でよく目にしたのが、車いすを押したり、足元のおぼつかないお年寄りを介助する人たちの姿だ。「台湾の人たちは本当に親孝行」。これは私の友人も、親に対する夫の気遣いを見ていて感じる事らしい。昭和のような三世代同居の人も少なくなく、両親を訪ねる、電話をする、一緒に出かける、記念日を祝う、などといった機会が非常に多いという。親だけではなく、高齢者など目上の者に対し、礼儀正しく親切であるべきという考え方も根強いようだ。あるアンケート調査では、台湾の男性が女性に求める条件として、「優しさ」に次いで2番目に挙げたのが「親孝行」だった。子が親を敬う「孝」の意識は少しずつ薄れつつあるとはいえ、日本より色濃くあるのは事実だろう。

日本では「親孝行」という言葉も文化も風化して久しい。親の介護で大変な辛苦を抱え込む人たちもいる一方で、故郷を離れ、帰省もせず、実家にたまにしか連絡をしないという人も多いのではないか。夫の実家に帰るのに文句を言う妻たちがネット上で話題になるが、たった年に1回の帰省でさえも、煩わしいものになるらしい。海外では、アメリカのサンクスギビング（感謝祭）やクリスマス、さらには中国の旧正月など、万難を排して、家族や親戚《しんせき》一同が集まり、祝う習慣があるが、日本では、盆や正月などといった風習さえ、昔に比べ、あまり重要視されなくなっている。

２００4年の内閣府の調査によると、老親の扶養について、「どんなことをしてでも親を養う」と回答した数はアメリカ、イギリス、フランス、韓国などどの国よりも少なかった。

別の調査でも、「親が高齢となり世話することになった場合、どのようにするか」との質問に、日本の高校生は「経済的な支援はするが、世話は家族や他人に頼みたい」と回答する人の割合が高く、21・3％に上った。米国ではこの割合が19・3％、韓国は7・3％、中国は6・3％と低かった。

また、親の世話をどうしたらいいか「わからない」と回答した人の割合が、日本は31・

5%と最も高く、中国はわずか2・9%、米国は17・2%、韓国は7・7%となり、「親孝行ランキングで、日本は最下位」と結論づけられた。

日本では、高度経済成長時代に田舎を離れ、都会に移住し、物理的に離れて暮らす親子も激増、かつてのような三世代、四世代住宅は少数派になった。「日本人は、子は親の金を当てにし、台湾人は、親は子の金を当てにする」などという言葉も聞いたが、親子関係の希薄化は日本のほうが圧倒的に進んでいる印象だ。

台湾の街角を歩いていると、高層ビルの谷間に小さな個人商店や屋台、市場が無数にあり、常ににぎわっている。饅頭《まんじゅう》屋から八百屋、魚屋、理容室、地元の食堂、屋台など何百、何千、何万人という人々が地に足をつけて、誰かと絶えず言葉を交わしながら、暮らしを営んでいる。こういう人たちは、元気である限り働き続けるのだろう。個人商店主や農家、漁師など、会社に雇われることのない、自立した働き手には定年はない。かつて、日本にもこうした「定年なく働く人たち」は大勢いた。

就業者に占める雇用者、つまり会社によって雇われている人の割合は、1953年にはわずか、42・4%だった。つまり、仕事をする人の半数以上が、「定年」というものなく、働き続けることができたわけだ。しかし、その割合は、10年に10ポイントというハイペースで高まり、2016年には89％にまで達している。現在は10人に9人が会社員、つまり「定年」という人為的なシステムによって、「働き続ける」権利を自動的に収奪される対象となってしまった。楽しそうに、おしゃべりをしながら、物を売る人たち、近所の仲間というコミュニティや家族といった緊密なネットワークの中で生き続ける台湾の人たちを見ていると、かつて日本の田舎や下町にはこうした賑《にぎ》わいがあったのだろう、とタイムスリップした感覚を味わう。

日本人と台湾人は同じアジア人ながら、そのコミュニケーションスタイルも大きく異なる印象を受けた。「台湾人はね、人情あるよ」と熱っぽく語るタクシー運転手の林《りん》さん。60歳の林さんに、「台湾の男の人たちは孤独ではないのか」と尋ねると、「どうして？　みんなで出かけるよ〜」と明るい返事が返ってきた。休日になると、男性同士、山や海、温泉などさまざまなところに出かけたりするのだという。昔からの友達がたくさんいて、仲間には困らないそうだ。確かに、人懐っこく明るく、オープン。関西人と似ている、という人がいたが、人と人との垣根が低い印象だ。

出会いの場もいろいろとある。例えば、公園に行くと、オジサンたちがみんなで太極拳《たいきょくけん》をしたり、将棋を指している。孫文《そんぶん》を祀《まつ》った国父記念館の軒下で仲間たちと太極拳に汗を流す張《ちょう》さんは、今年リタイアしたばかり。時間さえあれば、こうして集まっては、太極拳をし、仲間との時間を楽しむそうだ。

中高年の男女のカップルが手をつなぐ姿もよく見かけた。何でも、レディファーストの文化らしく、荷物を持つ、女性をほめる、といった気が利く男子が多く、「台湾男子は女子力が高い」といった説もある。翻って、日本人男性は妻や恋人をほめる、気を遣うといった女性に対するコミュ力においては、グローバルに見てもあまり評判がいいほうではない。「女性への気配りがない」「愛情表現がない」「オタク」「英語力がない」等々、「世界一モテない」などと揶揄《やゆ》されることもあるほどだ。

「忙しい」と見栄を張りたい現代人

イギリスの名門メディア、タイムズ紙のコラムニストとして活躍するロジャー・ボイズさんは男性が孤独に陥りやすい要因について、「そもそも男性の友人関係は表面的。会話のネタはセックス、スポーツ、仕事の話ぐらいで、お互いのことをそれほど知りたいとも思っていない。話すのは自分のパワーを示すためのもの」と分析する。「自分が『孤独で寂しい人』と見られるのは、即、自分を負け犬だと認めるようなもの。孤独だと認めるよりは、いろいろ忙しいふりをしていたいもの」らしい。

「忙しさこそが現代のステータス・シンボルだ」。コロンビアビジネススクールのベレッザ准教授らがこんな研究を2016年12月に発表し、大きな話題となった。つまり、現代人は、ブランド品を見せびらかす代わりに、「忙しくしている自分を見せびらかしている」というのだ。かつては、「働かなくてもいいこと」こそが金持ちの特権だった。19世紀のアメリカの著名な経済学者ソースティン・ヴェブレンは著書『有閑階級の理論』の中で、「金持ちはその暇と贅沢《ぜいたく》な消費を見せびらかすことで富を顕示した」とし、「暇」こそが権力と富の象徴、という説を唱えた。しかし、現代ではその逆、「忙しさ」こそが見せびらかしの対象になる、ということらしい。

つまり、宝石やブランド物、高級車などの「見せびらかしの消費」やゆったりとしたバケーションなどの「見せびらかしの暇」ではなく、「忙しいこと」こそが、ステータス・シンボルであるということだ。この理由について、研究では「忙しいということは、その人に対する需要が高いということを示す。有能で野心があり、人から望まれる資質を持っているということであり、ダイヤモンドや車や不動産といったものより、忙しいということのほうが希少価値を持っているということになる」と説明している。

20世紀を代表する経済学者ジョン・メイナード・ケインズは１９３０年に、「孫たちの時代には、１週間当たりの労働時間は15時間になる」と予言した。実際、世界的に人々の労働時間は少しずつ短くなっており、将来的に、人々の仕事はＡＩやロボットによって取って代わられるという見方もある。ケインズの予言は意外に近い未来にあり得る話かもしれないが、今のところは実現には程遠い状況だ。「働き方改革」の掛け声もかまびすしい日本でも労働時間は減少傾向にあるが、世界的に見ればまだ、随分と長い。

ただ、日本人よりももっと長時間働いているのがアメリカ人だ。この「忙しさ」信仰は特にアメリカでは顕著だが、逆に、階級社会であり、余暇を重視するヨーロッパでは、いまだ、「暇な時間があることがソーシャルステータスと結びつきやすい」のだという。ベレッザ准教授は「この二つの座標軸でいうと、長時間労働文化であることから判断して、日本はアメリカに近いのではないか」と指摘する。余暇の過ごし方なども、例えば、ヨーロッパ人なら、１カ所にじっくりステイして、何もしない時間などを楽しむが、日本人はせわしなく、いろいろと観光して回ろうとする。

旅行サイト、エクスペディアの調査では、日本人は有休消化率が世界一低いにもかかわらず、「休みが不足している」と感じる人は約3割で、「世界一、休みを欲しがっていない国民」という結果だった。逆に、休み不足と感じる人が最も多かったスペインは、30日も有休があり、その消化率は100%だが、それでも満足していなかった。

つまりは、「働きバチ」日本人は、休むのが極めて苦手で、「忙しさ」に価値を見出《みいだ》す国民性であるということだ。「暇」にはなかなか慣れない日本人だけに、「働き方改革」による労働時間の短縮に戸惑う人も多いようだ。早く帰るように指示されたサラリーマンが、家になかなか帰らず、寄り道をして帰る「フラリーマン」化しているという特集をNHKが放映し、話題を呼んだが、突如出現した「スケジュールの空白」は「忙しさ」をカルト信仰している日本人からすれば、困惑以外のなにものでもないだろう。

このように、「忙しさ」がステータス・シンボルで、ニワトリのとさかのような自己顕示の道具なのだとしたら、「孤独で時間を持て余している」という姿をさらすのは、自分の「敗北」を認めるようなものだ。だから、競争心の強い男性は特に、「俺は忙しいから、友達と遊ぶ時間などない」「誰かを誘うなど、自分が暇だと言っているようなものじゃないか」と「孤独」を認めたがらず、実態以上の忙しさアピールに励んでしまうらしい。

ケインズは「(15時間労働の到来とともに)自由と暇をどう使うかが大きな課題になる」と予言したが、働き方改革による労働時間の減少、定年など、これからの日本男性にとっては、「有り余る時間との向き合い方」が重要命題だ。学びや、社会貢献、そして、ビジネスの機会につなげ、「忙しさに代わる新しい価値」を創出していく必要があるだろう。

以上のように、日本には、他者と「心のつながり」を作る機会を阻害し、男性を「孤独」へと追い詰める重層的な社会的・文化的素地がある。一方で、こうした「外的」要因とは別に、もう一つ根本的な問題となるのが、男性の「内的」、つまり特質的な要因だ。

次章では、男性に内在する「障壁」について考えてみよう。

第4章　オジサンたちのコミュ力の〝貧困〟

二つの「コミュ」に欠ける男性

東京都心の高級住宅地にある3LDKの億ションに1人で住むバツイチのGさん（50）。外資系IT企業の幹部で、年収は5000万円という正真正銘のハイスペック男性だ。中肉中背、温厚で、語り口も柔らかく、モテそうだが、いまだ独身。40代で離婚してから、出会いを求めて、合コンなどを重ねてきたが、運命の人にはなかなか出会えていない。一緒にデートをする女性には事欠かないが、なぜか長続きがしないのだ。「ちょっとした言葉遣いが気に食わない」など、どうしても、相手の短所ばかりが気になってきてしまうのだという。先日、思わぬケガで足を痛め、入院することになった。見舞いに来る人はいたが、身の回りの世話をする人もいない。田舎に80歳を超えた母はいるが、心配をかけたくない、と連絡はしなかった。

会社では要職にあり、一日中、会議などで人に会い、忙しくしているが、病院では、朝から晩までほとんど誰とも話すことがない。楽しみは、部屋を訪れてくる看護師とのおしゃべりだけになっていた。何気ない会話だが、それでも気はまぎれる。幸い1週間ほどで退院し、母に会いに行くことにした。父は亡くなり、母は一人暮らし。以前、「一緒に住もう」と誘ったことがあるが、地元のサークル活動の友達と離れたくない、と言って断られた。母がその仲間を紹介するというので、会場まで足を延ばしてみた。女性ばかりの仲良しグループ。その会話を聞いて、ハンマーで頭を殴られたような気持ちになった。お互いがひたすらほめ合い、励まし合い、とにかくみんな絶え間なくおしゃべりをしている。どうして、こんなに自然に話し、心から打ち解けられるのだろう。楽しそうに笑う母を見ながら、愕然《がくぜん》とした。

もちろん自分にも友人はいる。でも、自分の弱みなど何でも打ち明け合うようなそんな関係ではない。女性に対しても、本音をさらけ出せるような関係を築くことができていなかったのかもしれない。女性同士のコミュニケーションの、肌が触れ合うほどの近さに比べたら、自分の人付き合いは「月と地球」ほどの距離感だ。本当に腹を割って人と付き合ってきたことなどほとんどないことに初めて気づかされた。

・・・・・・・・・・・・・・・・・・・・・・・・

人を孤独から救い出すカギは「コミュニケーション」と「コミュニティ」の二つだが、

「コミュニティ」を作り、参画するためには「コミュニケーション」力は欠かせない。つまり、コミュニケーション力は、人とのつながりを作るための基礎体力となるのだが、一般的に男と女のコミュニケーションの流儀にはまさに異星人のような隔たりがある。「男は火星から、女は金星から来た」などという本もあったが、いったい何が違うのか、男性のコミュニケーションの〝お作法〟を細かくひも解いていくことにしよう。

絶望的な「ほめ力」の飢餓

アメリカ人などと比べると、日本人は基本的に「ほめ下手」だ。アメリカは、子供のころからとにかくほめて育てる文化なので、「子供をほめる100の言葉」といったリストが山ほどあり、例えば、日本語の「すごい」だけで、Super、Fabulous、Amazing、Fantastic、Terrific、Awesome、Marvelous、Brilliant、Great、Excellent、Wonderfulなど、ゆうに50種類以上の言い方がある。キリスト教には「神をたたえる、賛美する」という習慣があり、お祈りや讃美歌《さんびか》などでも、ほめて、ほめて、ほめまくる。「あなたは偉大」「あなたを崇《あが》めます」「あなたこそ真の王」など、延々と続く礼賛の言葉。そうした文化においては人を賞賛することへの抵抗感はあまりないのかもしれない。

日常生活でも、お互いをひたすら、ほめ合っている。「その服、素敵ね、どこで買ったの」「なんてきれいな髪」「似合っているね」など、スムーズに次から次へと人を喜ばせる言葉が出てくる。それがお世辞だとわかっていても、聞くほうは何となく気分がよくなるし、会話もはずむ。

職場も同様だ。アメリカの会社の職場でのコミュニケーションを観察していると、絶えず、社員同士が「ほめ合い」「認め合っている」。「Great work（素晴らしい仕事ぶりだね）」「ありがとう」「感心するよ」。常に細かく声を掛け合い、お互いの存在価値を認め合う。「ほめ言葉」はコミュニケーションの最高の潤滑油なのだ。

その点、日本人は「お世辞」「社交辞令」「おべっか」「二枚舌」などと否定的な言葉で表現するように、ほめること自体を、表面的で上っ面だけの行為のようにとらえているところがある。口がうまい奴は信頼できない、何か裏がある、という通念もあってか、特に男性は「ほめること」をためらいがちだ。やたら、ほめる奴は、「軽率」「ちゃらい」というマッチョな「偏見」もはびこっている。「日本はほめない文化なのだから仕方ない」と言い訳をしたり、「欧米流のほめ育てが挫折に弱い日本の若者を生み出している」「ほめ過ぎはよくない」などといった説も喧伝されている。もちろん、ほめ過ぎは問題だが、そもそも、ほめることがDNAに組み込まれていない日本人が、どんなにほめたところで、過ぎることなどない。日本のほめ力GDPは世界水準よりダントツに低く、絶望的な「飢餓」状態にあるといってもいい。「ほめ過ぎ」より、「ほめなさ過ぎ」のほうが100倍問題なのである。

ほめないオジサン、ほめられないオジサン

2016年8月のイギリスBBCのニュースサイトの、「なんで日本ではほめないのか」という記事の中で「伝統的な日本の階層的な職場社会においては、ポジティブなフィードバックはほぼ、ありえない」という指摘がある。まさに「西洋の国々とも、ほかのアジアの国々とも全く異なるビジネスルール」(同記事)だという。

筆者も20年弱、サラリーマン生活を経験したが、上司にほめられた思い出があまりない。「もっとほめてもらえたら、やる気だってもっと上がるのに……」。こんな思いを抱いている日本人は少なくないのではないか。日本人の「ほめ力欠乏症」の実態を知りたくて、1000人の会社員にネット上でアンケート調査を行った。その結果は以下のようなものだ。

Q　ポジティブなフィードバック（ほめる、評価する）とネガティブなフィードバック（叱る、責める）のどちらにやる気を刺激されるか。
A　「ポジティブ」（84・1％）、「ネガティブ」（15・9％）

Q　直属の上司はほめてくれますか。
A　「ほめるタイプ」（42・3％）、「ほめないタイプ」（57・7％）

つまり8割以上がほめられたいのに、実際には4割程度しかほめられていないという「ほめギャップ」が存在していた。

特に男性の部下のほうが、女性の部下よりほめられる割合が低く、20代の女性の上司は59・2％がほめてくれるのに対し、40代サラリーマンに至っては27・1％、50代は30・8％しかほめられないという絶望的な年代・性別「格差」が存在していた（図4－1）。

特に、やる気ややりがいを失いがちな40代、50代サラリーマンの士気と「ほめ不足」に関係性があると言ったら、勘繰り過ぎだろうか。

男性は女性に比べて「ほめるのは下手」なくせに、実は人一倍「ほめられたい」生き物

図 4-1：「ほめる上司」を持つ割合

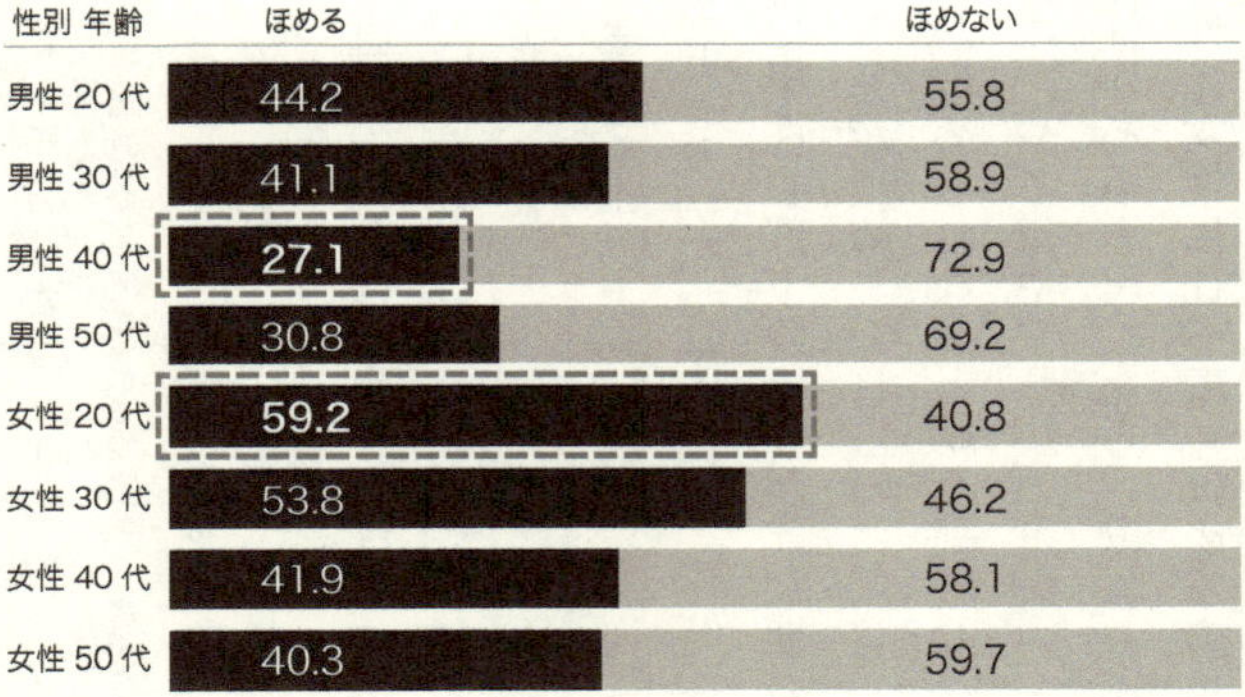

※グローコム調べ。

である。周りの男性を見ていると、単純なぐらいに「ほめ」に弱い。たとえ、おべんちゃらでも、お世辞でも、その辺はあまり見分けがつかないらしい。女性の場合は、明らかなおべっかは「嘘臭い」と見抜くのだが、男性の場合は、素直に喜び、調子に乗るところがある。「男はプライドの生き物、そのプライドをくすぐる『三つの言葉』で男は転がせる」と恋愛心理学の先生に教わって以来、筆者は、その三つ、「すごい」「ありがとう」「こんなの初めて」を「人生訓」にしているが、確かにその3語の使いまわしで男性のモチベーションはぐんと上がる気がする。自分がそれだけほめられたいのに、他人をほめることには抵抗がある男性。一方、女性は自分がほめられたいから、相手もほめる。女性にとっては、ほめることなどお茶の子さいさい。お互いをひたすらたたえ合って、ほめ力をぐんぐん鍛えるのだ。

アメリカの調査会社ギャラップの調査によると、人は働きを認められ、ほめられると、生産性は向上し、勤労意欲、忠誠心は増し、帰属意識が高まり、会社への定着率が上がる、という。転職が盛んなアメリカにおいては、優秀な社員をつなぎとめておくためにも上司の「ほめ力」は欠かせない。戦略コンサル会社、マッキンゼーによれば、たとえ報酬を上げなくても、①上司からの賞賛、②幹部（リーダーシップ層）からの評価、③プロジェクトやタスクフォースの仕事を主導するように任せる、という三つの方法で、コストをかけずに、社員のやる気を刺激できるとしている。

なぜ、「ほめること」は人のやる気を刺激するのか。それは仕事が認められ、賞賛されることによって、脳内に「生きる意欲を生み出す快楽ホルモン」ドーパミンが放出されるからだ。ほめられることによって、自分の価値を再認識し、自分が必要とされていると感じることができる。最も強力な動機付けツールなのに、日本人はその活用を怠っている。

ほめられたいのに、ほめられない。ほめたくても、ほめられない。日本のオジサンの「ほめられない」苦悩の淵《ふち》はマリアナ海溝よりも深いのだ。

世界で一番、会社が嫌いな日本人

「今の仕事に満足していますか」「会社に忠誠心を感じていますか」

そう問われたら、皆さんならどう答えるだろうか。やたらと長い労働時間、1時間おきにポケベルを鳴らし、逐一行動をチェックする超パワハラ上司など、理不尽に泣くことも多々あった新聞記者生活だったが、筆者にとっては、憧《あこが》れ続けて手に入れた天職であり、やりがいにあふれていた。PR会社時代も仲間や上司に恵まれ、仕事が楽しくてたまらなかった。そんなハッピーなサラリーマン生活を謳歌《おうか》したからこそ、独立して、実は全方位的に会社に守られていたことを思い知ることも少なくなかった。

どんなに働いても、働かなくても、辞めさせられることの少ない日本のホワイト企業の終身雇用は、世界的にも稀有《けう》。安定した雇用条件の下で、一生働き続ける会社なのだから、社員の会社に対する帰属意識も忠誠心も世界と比べても低くはないだろう。むしろ、高いほうではないか。そう、感じる方も多いのではないだろうか。日本人サラリーマンのイメージは会社に忠実、まさに「社畜」という言葉で揶揄《やゆ》されるほどの、企業と社員の「運命共同体」的一体感だったような気がする。

しかし、どうやら、今どきの日本のサラリーマンの多くは、本当は自分の会社が「大嫌い」で、「不満タラタラの会社人生」を送っているらしい。それを如実に示すのが、世界的に見た日本人社員の「エンプロイー・エンゲージメント」の数値の低さだ。「エンプロイー・エンゲージメント」とは、企業と社員の関係性を示す言葉で、日本語ではぴったりはまる訳語が見つからないのだが、engagement を直訳すると、「従事」「関与」。要するに「社員が企業に対して、どれぐらいの愛着やコミットメント、忠誠心、士気や誇りを感じているか」ということだ。そういった気持ちを持つ社員が多ければ多いほど、企業の競争力は増し、高い利益を生み出すことができる。

最近、欧米では「従業員満足度」のかわりに、この「エンプロイー・エンゲージメント」を重要な経営指標として掲げる企業が増えている。世界的な調査会社、ギャラップ社が２０１１～２０１２年にかけて１４２カ国、20万人以上を対象に行った調査で、日本で「仕事に engage している」と答えた人の割合は先進国中、最も低く、わずか７％。これは米国（30％）などと比べても格段に低かった。

また、アメリカの人材コンサル会社が行った調査では、「強くエンゲージしている」と答えた日本人の割合は９％と、世界の中で最低であっただけではなく、actively disengaged、つまり「会社に反感をもっている」「コミットしていない」と答えた人が33％と圧倒的に高かった。実に、日本のサラリーマンの3分の1が「反乱分子」という異常事態。9％が必死に船をこぐ中で、33％が転覆させようとしているようなものだ。

さらに、米国のPR会社の調査では、世界28カ国中、日本人は、「世界で、最も自分の働く会社を信用していない国民」という結果が出た。「自分の会社を信用するか」という問いに対して信用すると答えた割合はわずか40％、世界最低で、米国（64％）、イギリス（57％）、中国（79％）、インド（83％）よりはるかに低く、ロシア（48％）よりも低い。

日本のサラリーマンは世界一、会社に不満だらけで、会社が大嫌いということらしい。

会社というムラ社会

日本のサラリーマンが不幸である要因を仮説として挙げてみよう。

1．長時間労働
2．収入減もしくは低賃金
3．閉塞《へいそく》的な企業文化（前例主義、根性主義、減点主義）
4．年功序列

5. 不適切な人材配置・活用
6. セクハラ、パワハラ、マタハラ
7. 硬直化した報酬・人事制度（不平等な平等主義または苛烈《かれつ》すぎる成果主義）
8. 仕事そのものにやりがいを感じない

そもそも、日本の会社員にまとわりつく「不満感」は、日本独特の雇用制度に大いに関係がある。世界的に見ても稀有な「終身雇用」や「年功序列」といった独特の慣行を守り続ける日本企業だが、もう一つ極めて特殊なのが、「総合職」の発想である。

普通、どの国の企業も、「営業」「経理」「ＩＴ」など「職種」を限定して、その道のプロフェッショナルを雇用する形態が多い。日本の会社は大卒総合職として入社すると、どの職種に就くかは会社によって決められる。職に就く「就職」ではなく、会社に就く「就社」と言われるゆえんだ。

つまり、日本では「多くの社員は自分で仕事が選べない。自ら望まない仕事においては、エンゲージメント（社員のやる気やコミットメント、忠誠心）は削がれがちにならざるを得ない」とリクルートワークス研究所の豊田《とよだ》義博《よしひろ》主幹研究員は指摘する。アメリカのベストセラー作家ダニエル・ピンクは働き手にエンゲージメントを感じてもらう条件として「自主性」「成長」「目的」の三つを挙げたが、こうした「たらい回し人事」は、この内の最初の二つを真っ向から阻害するものだ。

自らキャリアパスを構築し、専門性を究め、成長に結びつけていく、というのがグローバルのキャリアの考え方の主流。多くの部署を経験することで人間的な成長に結びつくという考え方もあるが、「やっと慣れたな、コツをつかんできたかな、と思ったら、次の部署へ異動」の連続であれば、真の「プロフェッショナル」にはなかなか成長できない。「自分の仕事の選択を会社にゆだねるリスクなど断じて受け入れられない」。外国人はこういう考え方が大半だ。明確なキャリアパスを示せない日本の国内企業のグローバル人材活用がなかなか進まない背景には外国人プロフェッショナルのこうした意識もあるのだろう。

リクルートワークスは日本の他アジア7カ国とアメリカの社員を対象に意識調査を行ったが、最も特徴的な結果が、「仕事をするうえで大切だと思うもの」という項目だ。中国、韓国、インド、アメリカなど他の8カ国で最も重視されたのは「高い賃金・充実した福利厚生」。インドネシアでは83・1%、中国では79・0%など非常に高い割合の人が重視している条件であったが、日本では39・0％と格段に低い水準だった。

代わって、日本で最も大切だとされた条件が「良好な職場の人間関係」で56・0％と、他国が軒並み10～30％台だったのに比べ非常に高かった。続いて、「自分の希望する仕事内容」が51・3％。他国では、重視された「明確なキャリアパス」は10・5％と低かった。

この結果から見えるのは、日本人が会社に「居心地のいい空間を求めている」ということだ。プライベートと仕事をきっちりと分け、仕事は自己実現を求める場、と考える欧米などに比べ、滞留時間が長い職場に「コミュニティ的なものを求めているのではないか」（豊田氏）とも考えられる。同調圧力の強い村社会、日本において、職場でのフィット感、人間関係が働き甲斐にも最も大きく影響する要因であることにあまり違和感は覚えない。職場もある意味、「村」ということなのだろう。

こうして職場という「村」社会の中に囲い込まれ、人生の大半を過ごしてしまうサラリーマンはなかなか、その村を出て、新しいコミュニティやネットワークを作る、ということに慣れていない。そのためのコミュニケーションのやり方も知らないまま、定年退職して慌てふためく、ということになりがちだ。

ダメ出しがデフォルトのオジサン

アメリカ人のお笑い芸人、厚切《あつぎ》りジェイソンさんは、「仕事と遊びを一緒にしちゃいけないよね」というツイッターユーザーの声に、「なんで？　逆に仕事楽しまないと人生つまらないと思うけどな」「楽しい＝不真面目と勘違いしている日本人多いな」と日本人の仕事観に疑問を呈した。そもそも、日本人には「仕事＝苦行」、という観念もあるのかもしれない。

そういった「我慢の美学」は確かに欧米にはあまりない。「多くの脳科学研究から明らかになったのは、一生懸命、働いて成功すれば幸せになるのではなく、幸せだからこそ、成功するということ。だから最初に、幸せになることを見つけろ。そうすれば、成功があなたを探してついてくる」。スタンフォード大学の研究者、エマ・セッパラ氏が行った「幸せ」についての研究が最近、米国で注目を集めている。我慢して働けば幸せになれるかもと考える日本人の「生産性」は低い、ということだ。

「我慢強い」日本人は、たとえ、相手に嫌気がさしても、愛情がなくなっても、「腐れ縁」で続ける結婚生活が非常に多いが、欧米人にはそんな我慢強さや諦念《ていねん》はみじんもなく、とっとと、別れる。離婚したくなければ、必死に相手のご機嫌もとるし、プレゼントも欠かさないし、「きれいだよ」「素敵よ」「愛しているわ」と言い続ける。会社との関係も同じだ。社員に気に入られなければ辞められてしまうから、会社もラブコールを続けるし、社員もそれにこたえようとする。

日本の企業と社員は「お互いの良さを忘れてしまったマンネリ仮面夫婦」のようなものかもしれない。「釣った魚にエサはやらぬ」と言わんばかりにお互いに忍従を強いる会社システムではやはり、不満の巣窟にならざるを得ないだろう。離婚（転職）して、世間の相場を知れば、案外お互い悪い相手ではなかったと思うこともあるかもしれないが、我慢して一緒にいることを選択すれば、比較検討する対象もなく、本当の価値を見直す機会もない。

マンネリ夫婦は、お互いに言葉をケチりがちだ。ほめるよりもダメ出しをしたがる。日本の職場にくすぶる「報われない感」の根底には、こうしたネガティブ優先のコミュニケーション文化があるように思える。

大手広告会社の電通において入社１年目の女性社員が過労自殺した問題では、長時間労働ばかり問題視されることが多い。しかし、あの問題の根幹にあるオジサン上司の部下に対する「コミュハラ」も見逃してはいけない。「女子力がない」「残業時間はムダ」「髪ぼさぼさで出勤するな」。彼女のツイッターから垣間《かいま》見える上司の言葉は、ねぎらいや励ましではなく、典型的な「ダメ出し」コメントばかりだ。

そもそも、人は「ネガティビティバイアス」といい、ポジティブな情報よりネガティブな情報に意識がいきやすいことがわかっている。だから、上司は部下のネガ情報にばかり目が行き、「ダメ出し」をするし、部下はポジティブなフィードバックよりネガティブなフィードバックばかりが気になってしまう。そんな「ネガ」主流のコミュニケーション文化では、社員をうまく動機付けなどできるわけもないし、社員が日本の会社になかなか「やりがい」や「満足感」を覚えにくい理由の一つになっているのではないだろうか。

日本の職場の中でも、特にスポ根的なテストステロン（男性ホルモン）カルチャーの企業はこうした傾向が強い。そういう会社で厳しい競争に勝ち抜き、出世するのは、矢のような「ダメ出し」に耐え抜く「鋼（はがね）の精神力」を持った企業戦士であり、部下の身の上を心配するような「共感力」の高い人であることは少ない。

部下を叱咤《しった》し、統率するそうした上司は成果を出しやすいので、幹部の覚えもいい。残業も厭《いと》わないし、権力欲は強いので、猪突猛進だ。自分自身が「ダメ出し」で鍛えられてきたから、それが部下へのコミュニケーションのデフォルトだと思っている節もある。こうして、ポジよりもネガを拡大視するくせがついてしまうと、なかなかそのマイナス思考から抜け出ることができなくなってしまう。ほめるより、けなす、ケチをつける。こうして「愚痴」や「文句」が口癖の「ダメ出し」「説教」オジサンが量産されていく。

話したがるが、話を聞かない日本のオジサン

競争心が強く、バリバリと仕事をし、出世していく「オレ様系」オジサンは基本的に、人の話をあまり、聞かない。筆者の実施したコミュ力調査によると、全国1000人の会社員が「社長に求めるコミュ力」として最も挙げたのは、「話す力」でも「説得する力」でもなく、「人の話を聞く力」であった。自社の社長のコミュ力の問題点として指摘が最も多かったのは「話が長い」、その次が「対話ではなく一方的に話す」であった。それくらい、エライオジサンは自分の話をしたがり、人の話に耳を傾けない。他人の言葉に惑わされず、潔い決断を下すことがリーダーシップという「妄信」。それによって、会社を死の淵に追いやり、社員を路頭に迷わせることになった事例は枚挙にいとまがないのだが、「独断的＝優れたリーダー」信仰は根強いのだ。

そんな「オレ様」系コミュニケーション事例にこんなものもある。2017年6月に創刊した50〜60代の男性向け雑誌『GG（ジジ）』の編集長が、雑誌のインタビューで指南した「オジサン向けのナンパ術」というものだ。「（美術館に行き）熱心に鑑賞している女性がいたら、さりげなく『この画家は長い不遇時代があったんですよ』などと、ガイドのように次々と知識を披露する。そんな『アートジジ』になりきれば、自然と会話が生まれます。美術館には〝おじさん〟好きな知的女子や不思議ちゃん系女子が訪れていることが多いので、特に狙い目です。会話が始まりさえすれば、絵を鑑賞し終わった後、自然な流れで『ここの近くに良さそうなお店があったんだけど、一緒にランチでもどう？』と誘うこともできる。もちろん周辺の〝ツウ好み〟の飲食店を押さえておくことは必須です」

ネット上では「うっとうしい」「キモイ」と大ブーイングだったが、そんな「うんちくを語りたがるオジサン」は少なくはない。このように、男性が主に女性に対して、見下すように、一方的に解説・助言・説明することをアメリカでは Mansplaining（マンズプレイニング、man ＋ explaining＝説明する）と呼び、男性の独りよがりのコミュニケーションを揶揄することがあるが、そんな造語が最近、日本でも流布している。

ではなぜ、オジサンは語りたがるのだろうか。それは、ずばり「気持ちがいい」からだ。ハーバード大学の神経科学者の研究によれば、「自分のことを話す時、それが会話であろうと、ソーシャルメディア上であろうと、人はお金や食べ物、セックスと同じような快楽を感じる」のだそうだ。約２００人の脳をｆＭＲＩ（機能的磁気共鳴画像診断装置）で調べたところ、被験者が自分のことを話している時、脳内の側坐核《そくざかく》、さらに、腹側被蓋野《ふくそくひがいや》と呼ばれる領域の動きが活発化するのが確認された。これらの領域は、神経伝達物質、ドーパミン放出に関係があるとされる箇所で、ドーパミンは快楽物質とも呼ばれ、食事やセックス、お金等の報酬やドラッグによって分泌されるものだ。

普段は、男性は女性より口数は多くない。しかし、「男性は、『世界に認めてもらいたい』『より多くの人に影響力を与えたい』『尊敬されたい』、という欲求があるため、人前で話す機会を与えられると、どうしても話が長くなる。大勢を前にした男性のスピーチは結局、ほとんど自慢」（『察しない男　説明しない女』五百田達成）という説もある。

サラリーマンの場合、大体、年を取るにつれて、肩書は上がっていくケースが多い。また、目上の人に対して、敬語を使うといったように、縦の序列を意識した「上意下達」的コミュニケーションが一般的で、自然と年を取れば、話を黙って聞いてくれたり、調子を合わせてくれたりする後輩が増えてくる。そんな調子で「オレ語り」がデフォルトになってしまう人も多い。最近、飲み会に参加したがらない若い人が少なくないと言うが、こういう「俺の言うことを聞け」オジサンの説教に辟易しているところもあるのではないだろうか。人（部下）の話を聞かない。アドバイスを求めようとすれば、必ず「自分の話」にすり替わっている。自分をアピールし、自分の手柄をなぜか話に盛り込んでくる。そんな「オレ語り」系のオジサン上司、皆さんの周りにも1人や2人必ずいるはずである。

もちろん、「話したがり」はオジサンばかりとは限らない。イギリスの研究チームが行った、ある調査によると、人は会話の60％、自分の話をしているのだそうだ。ソーシャルメディア上では、その比率がぐんと高まり、20％の informer（客観的な情報を提供する人）であるのに対して、80％が"me" former（つまり、自分の話ばかりする人）。確かに、ソーシャルメディアには、「こんなおいしいものを食べた」とか「どこそこに行った」とかという、「自分話」であふれている。特に、セルフィー、ソーシャルメディア世代の若者に「ナルシスト」が増えているとする分析もよく見かける。

女性だって、オジサン以上に自分の話をする。しかし、一方的に話すことはなく、自分の話をし、相手の話も聞く。じゃんけんでいえば、あいこを続けるバランス感覚で、延々と「会話」を楽しむのだ。

このように、「ダメ出し」「自分語り」大好きなオレ様系上司が跋扈《ばっこ》し、部下の働きを認めることも、ほめることもないという、深刻な職場の「コミュ力の〝貧困〟」が社員の士気を阻害し、日本の会社によどみを生んでいる。そうしたカルチャーの下で、本当のコミュ力を鍛えることのなかったオジサンたちが、仕事を離れた時、青ざめるのだ。「人とのつながり方がわからない」と。

共感できないオジサン

古代ギリシャの哲学者アリストテレスは説得に３条件があると言った。話し手の信頼性「エートス」、話の論理性「ロゴス」、そして、相手の感情に訴える力「パトス」である。

筆者はエグゼクティブ向けにプレゼンやスピーチのコーチングをしているが、ある時、「グローバルに伝わるプレゼンを教えてほしい」という要望で、日本の大手メーカーの幹部会議に講義に行った。その会社の資料は、とにかく文字だらけ。投影すれば、ありんこかと思うほどの読めない文字と数字がぎっしりと並んでいる。そして、その内容を棒読みするだけのプレゼン。「人はロジックだけでは動きません。相手の感情（エモーション）を揺り動かすことが大切なんです」。筆者がこう言うと、幹部の一人は頭を横に振りながら、こう言い切った。「わが社ではロジックこそが重要なのです」。緻密《ちみつ》にファクトを積み上げれば、人は説得できるし、わかってもらえるという思い込みがオジサンのコミュニケーションの最大の弱みである。

確かにコンマ1ミリの精度を競い合う日本のものづくりカルチャーにおいては、そうしたハードファクトは意味があることなのだろう。しかし、同じ言語と思考形式を持つ集団の中では通用しても、多種多様な価値観がまじりあう現代のオーディエンスの心を揺さぶることは難しい。ロジックだけでは、納得まではできても、説得まではできないことも多いのだ。

聴衆の気持ちを理解し、その感情を喚起してこそ、初めて本当に相手を動かせる。そのためには相手の感情を読み取り、感情に訴える共感コミュニケーションをしていく必要があるのだが、この「共感」(empathy)、オジサンにとっては、全く「共感」できないコンセプトらしい。

まず、「人の表情やしぐさなどから、感情を読み取ることが難しい」と感じる男性は少なくない。カナダの学者が、俳優の表情から感情を読み取るという実験を行ったところ、女性のほうが、男性より、早く、正確に読み取れるという結果が出た。特に女性は恐怖や嫌悪感などの感情を見極める力が優れていた。イギリスの調査では、男性が人の特定の表情を読み取ろうとする時、脳に通常の2倍の負荷がかかることがわかったという。オランダの実験では、女性が男性ホルモンを投与されると、人の感情を読み取ることが難しくなるという結果が出た。

「相手の感情に鈍感でいられる」ことは戦いなどでは強みとなる。相手の痛みや恐怖を感じ取っていては、戦いに負けてしまう。また会社においても、いちいち、人の感情を気にしていては、大胆な決断などできない。そういった意味で人を支配しようとする時などには役立つ特性だが、人と本質的につながろうとした時には障害となってしまうこともある。

もちろん、すべての男性の共感力が低いわけではないが、女性は彼らに比べたら、エスパーのようなものである。相手の表情やしぐさの変化に気づき、難なく、感情を読み取る人は多い。だから空気や言葉の行間を読むことにも長けている。表情などの微妙な変化に気づき、時に「第六感」のような高感度センサーを持つ女性に比べれば、男性は「鈍感」で「察しない」などと言われてしまうのは無理もないことかもしれない。

また、男性は、感情を表現することも苦手だとされる。女性同士の会話を聞いてみよう。「それって悲しすぎる」「うれしいね」「怖ーい」「ワクワクする」「許せない、そういうの！（怒）」「かわいいね」「ひどい」。自分が感じること、自分が思うこと、そして、相手の言うことに対する自分の感情、こうした「共感ワード」のキャッチボールが頻繁に繰り返される。

男性はこのように、「感情」を口にすることが少ないと言われる。なぜなのか、周囲の人に聞くと、「感情を見せるべきではないという意識が働く」「自然と（感情を）抑えるようになっている」「男は泣いてはいけない、怖がってはいけないといった暗黙の了解がある」「感情をさらけ出すことは、裸になるような恥ずかしさがある」「感情はあってもそのことについて話したくない」「弱いところを見せたくない」という答えが返ってきた。

「男なんだから泣くな」「男は度胸」という言葉にも表れるように、感情を表に出すこと自体が「女々しい」、男ならちょっとのことで感情的になってはいけない、という社会通念もあるだろう。だから、「怒りや興奮、誇り」といった「男らしい感情」はまだ許されても、「うれしい」「悲しい」といった「女らしい感情」はあまり示してはならない、という自己抑制が働く。

確かに、企業や組織のリーダーシップには感情をコントロールし、多少のことでは動じない冷静さが要求される。そういった意味で、仕事などでは、感情を制御する能力は役に立つが、人と心を通わせたいと思うのであれば、胸襟を開き、感情を共有しあうコミュニケーションのほうがはるかに近道だ。

「そもそも、男の関心は人間とかフィーリングよりも、具体的な〝事物〟や〝目標物〟に向けられている」「女性がロマンスに夢をはせ、思いを寄せるのに対し、男性はスポーツ・カーや、より高性能のコンピュータといった技術革新の産物に夢中になる」（『ベスト・パートナーになるために』ジョン・グレイ）というように、見ることも、触れることもできない「思い」や「感情」というものは、男性にとって、まるで理解不能な「異星人の言葉」のような存在なのかもしれない。

一方で、「女性は相手との深い心の交流と親密な関係に生きがいを見出《みいだ》す。女性にとっては、お互いが愛し合い、協力し合って仲良く暮らすことのほうがはるかに大切なのである。彼女たちにとって、人生で最も大切な根本原理はコミュニケーションである。自分の思いを確かに伝え、分かち合うことのほうが目的や成功を達成するよりはるかに大切だと思っている」（同）。

そうだとすれば、コミュニケーションを通じて人とつながるという点では、男性は女性にはなかなか勝てるわけがない、というわけだ。

内にこもるオジサン

「男らしさ」の縛りは、どこまでも男性を拘束する。例えば、悩みや不安があっても、なかなか外に出して、打ち明けることができない。そうした行為は自分の弱さを見せることになるからだ。想像してみよう。高倉健さんが、精神科医のカウンセリングを受けていたとしたら。

「最近いかがですか」

「はあ……」

「変わったことはありませんか」

「いや……」

「どうですか、何か困ったことはありませんか」

「いえ……」

「悩んでらっしゃることはありませんか」

「いや……」

アメリカで高倉健さんのような孤高の男性のイメージといえば、たばこのマールボロのキャラクターが思い浮かぶらしい。カウボーイ姿で渋い顔でたばこを吸っているオジサンだ。思い出せる方もいるかもしれない。アメリカ心理学会の２００５年の機関誌にこんなくだりがある。

「伝統的に、社会は、男性にマールボロマンを見習うように求めている。タフで自立していて、感情に流されない。そういう人が（心の悩みなどについて）カウンセリングなどを受ける姿は想像しにくい」。実際、孤独やメンタルヘルスなどの悩みがあっても、周囲や医師に相談する男性の割合は女性に比べて低い。イギリスの調査では、精神的な問題がある人２５００人のうち、28％の男性（女性は19％）は医師などに相談することがなかったという。

厚労省の「患者調査」によると、鬱《うつ》病が大半を占める「気分障害」で病院を受診する患者数は２０１４年で約１１２万人、うち、女性が約70万人、男性が約42万人だった。「鬱病」は女性が多い、などと解釈がされているが、20代から60代の全年代で、男性の自殺率が女性の自殺率の2倍以上ということを考えると、決して、精神的な悩みを抱える男性が少ないということではなく、そういった問題を誰にも打ち明けられない男性が多いということかもしれない。

そうした「内にこもる」理由としては、そもそも、男性は「感情」を抑圧しすぎてしまい、自分が「鬱」であることも気づいていないのではないか、とアメリカ心理学会の機関誌は指摘している。行き過ぎた感情抑圧が「アレキシサイミア」と呼ばれる「失感情症」に結びつく可能性があるという。これは、「悲しい」「うれしい」「寂しい」といった感情を自覚することができなくなる症状にあたる。多くの男性が幼少期に、親やほかの子供から、か弱さを見せるべきでないと学び、「泣きたい」「悲しい」といった感情を抑圧するようになる。次第に感情に気づかなくなり、感情をどう表現していいかわからなくなる、というのだ。

自分の悩みや苦しみを打ち明け、助けを求めるのは自分の弱みを認め、「スティグマ」(負の烙印《らくいん》)を負うこと、という意識もある。高いプライドも邪魔し、男性はなかなか医師や友人などに相談しにくく、一人、お酒に頼ったりするわけだ。こうした「内(家)にこもる男性の危機」に海外では高い関心が集まっており、対策を呼び掛ける啓発キャンペーンが盛んに行われるようになっているが、日本ではあまり見聞きすることはない。日本男性のメンタルヘルス対策は、先進国としては考えられないほど、遅れていると言っていいだろう。

笑わないオジサン、笑えないオジサン

日本のオジサンは本当に無愛想だ。不機嫌そうなオジサンも多い。世界で、最も笑顔を見せない種族と言ってもいいのではないだろうか。アメリカなどでは、目が合うと、お互いに口角を上げ、軽いスマイルで会釈を交わすことが多い。写真に撮られるアメリカ人を観察していると、口を思いっきり横に広げ、並んだトウモロコシの実二列分の歯を見せたような笑顔を見せる人が目立つ。北海道大学の結城《ゆうき》雅樹《まさき》教授の研究によれば、日本人とアメリカ人を比べた実験で、日本人は目元、アメリカ人は口元に注目し、感情を読み取ることがわかった。さらに、日本とアメリカの絵文字を比べても、面白い結果が出た。日本の笑いの絵文字は目で、アメリカの笑いの絵文字は口で笑っているのだ。

これについて結城教授は「日本人は周囲の人との関係や集団内の調和を守るため、本当の気持ちが顔に表れないようにする。この際、目の動きを司る筋肉は口の動きを司る筋肉と比べ、意図的に制御しにくいので、目にはどうしても本心が出てしまう。だから、相手の本当の気持ちが知りたい時、日本人は目を見て判断する。一方で、アメリカでは本心を正直に顔に表すことが奨励され、口角を上げて笑っているかどうかなど、目元よりも大き

く動く口に着目しているのではないか」と分析する。そういった意味で、日本人の笑顔はわかりにくく、目立ちにくいとも言えるのかもしれない。

特に、男性は女性より笑顔を見せることが少ない印象がある。女性が、笑顔を見せず、厳しい顔をしていると、「冷たい」「愛想がない」などと思われてしまう。米大統領候補だったヒラリー・クリントンは冷酷なイメージゆえに、「もっと笑顔を見せるべき」などと言われることが多かったが、男性はそんなことを求められることはないだろう。そういった意味で、女性は笑顔で愛想がいい存在であるべきで、男性はむっつりしていても問題ないという社会通念がある。

そんな常識の中でも、特に、日本人の男性は笑わないほうだ。画像検索で日本の社長と、アメリカの社長の写真を比べると、日本の場合、真面目な顔か口をあまり開かず、「目で笑う」表情が圧倒的に多いのに対し、アメリカは歯を10本ぐらいのぞかせて「口で笑う表情」がほとんどだ。

日本では、「へらへらしている」とか「照れ笑い」というように、笑顔は威厳を失わせるという意識もある。めったやたらに笑顔を浮かべればいいというものではなく、相手に好印象を与える自然な笑顔というのは、日本人にとっては案外、難度が高いもののようだ。感情と同様に表情も抑圧するうちに、笑わなくなり、笑えなくなってしまったのかもしれない。

笑顔には、幸せ醸成効果があるのだという。その驚異的パワーは、欧米の実に多くの実験によって実証されている。

例えばこんな実験だ。

①人の魅力の評価は、笑顔によって大きく影響される。いい笑顔は多少の不細工さをカバーする。
②30年にわたる調査で、学校アルバムの顔写真で笑顔を見せている人ほど、その後、結婚や仕事などで成功を収め、幸せになっていた。
③１９５０年代のメジャーリーグの選手の顔写真の載った野球カードを調べたところ、笑っていない選手の平均寿命が72・９歳だったのに対し、笑っている選手は79・９歳だった。
④１回の笑顔は、チョコバー２０００本分の脳刺激、１万６０００ポンド（約２８０万

円）を受け取った時と同じだけの脳への影響がある。

生物学的に見ても、笑顔の健康・幸福効果は非常に顕著だ。笑顔は、脳内物質のエンドルフィンやセロトニンを放出させる。エンドルフィンは痛みを和らげ、病気に対する免疫力を高める。セロトニンは抗鬱効果があり、精神的な幸福感につながる。また、こうしたポジティブなホルモンの放出とともに、ストレスホルモンのコルチゾールを抑制する。このように笑顔はまさに、人間にとっての万能薬なのだ。

孤独が伝染するように、笑顔も伝染する。幸せな顔の周りに人は集まる。笑顔は人とつながる最強の武器だ。不機嫌そうに見えて、内面はとても柔和で優しい人も多いが、表情で「とっつきにくい」などと印象が決まってしまうのはもったいない。

おしゃべりができないオジサン

都会の喫茶店やコーヒーショップ、ランチタイムのちょっと高級なレストランで人を観察すると面白い。そもそも、男性同士が圧倒的に少ない。男性同士であれば、大体、仕事の話をしている場合がほとんど。たまに、高齢の男性同士が話をしていることもあるが、延々と向き合って「おしゃべり」しているのは大体、女性だ。「喋（しゃべ）る」とは口数多く話すことを意味し、口へんに木の葉の象形文字がくっついたこの漢字は、葉っぱのように薄っぺらい話を延々と話す、ということに由来するらしい。

実際、女性はよく「しゃべる」。女性が１日平均２万語を話すのに、男性は７０００語、つまり女性は男性の３倍しゃべっている、という説もある。実際にそこまでの差はなかった、という研究もあるが、女性の脳には言語発達に関わる遺伝子と言われるFOXP2と呼ばれるたんぱく質がより高いレベルで存在することがわかっている。女性＝おしゃべりとの定説はあながち間違っているとは言えないだろう。

男性は「話す」が、無駄な「おしゃべり」は苦手という人が多い。というのも、男性は目的なく話すのが苦手な生き物らしいのだ。筆者の父は典型的な昭和のサラリーマン。真面目一徹で口数が少ない。一方の母は、これまた典型的な昭和の専業主婦で、とにかく話し好き。近所の人や親戚《しんせき》などと電話や道端でしゃべっている。父は「なぜ、そんな意味のない話を延々とできるのかが不思議で仕方ない」「話す必要などないだろう」といつも首をかしげている。

まさにこれこそ、コミュニケーションのジェンダーギャップ。男性は「何か目的があったら、話す」「コミュニケーションは目的を達成するための手段」らしい。仕事で何らかの合意が必要な時、誰かに用件を伝える時、自分の意志を伝える時、仕事の愚痴をもらす時……。何らかの「目的」をもって話すことが多いが、女性にそんな「目的」は必要ない。女性は「話すこと自体が目的」だからだ。

1990年代に4年間、ベストセラーリストに名を連ねた、米ジョージタウン大学のタネン教授の著作「You just don't understand」によれば、「女性はラポール（共感）トーク、つまり、社会的所属と感情的つながりを重視するコミュニケーションスタイル、一方の男性はレポート（報告）トーク、つまり、感情を交えることなく、情報を交換することに主眼が置かれている」という。女性がただ、共感してもらいたくて、悩みを相談しているだけなのに、問題解決をコミュニケーションの目的としている男性は、つい、「答え」を示そうとして、女性から反感を買うというのはよく聞く話だ。

もう一つの特徴として、女性は延々と向かい合って、話を続けられるが、男性は相手との間に何か介在するものが必要な場合が多い。スポーツを見る、ゲームを一緒にする。確かに、何も目的がないままに、おしゃべりに興じる男性というのはあまり見かけない。イギリス・オックスフォード大学のダンバー教授は、高校から大学に進んだ学生を追跡調査し、「女性は、電話で話すことなどを通じて長距離の友情関係を維持することができるが、男性は一緒に何かをすることがなければ、関係を継続することが難しい」と結論づけた。「男性にとって、おしゃべりは何の役にも立たず、サッカーを一緒にする、見る、一緒にお酒を飲む、といった共通体験がないと、関係を維持できない」というのだ。ダンバー教授の言葉を借りれば、「(男性の友人関係は)去る者は日日に疎し」ということらしい。女性がお互いの目を見ながら、向き合うのに対し、男性はテレビでスポーツを見る時のように、互いに肩を並べて、コミュニケーションをとるというイメージだ。そうであれば、男性は物理的に時間を一緒に過ごす必要があり、何らかのきっかけやアクティビティがないと、関係構築・維持が難しいということになる。つながりを作るためのハードルが極めて高いのだ。

男性はお酒を酌み交わす、一緒にたばこを吸うことでコミュニケーションが弾む、という話はよく聞く。普段、女性と比べて、感情をあまり表に出すことがないため、コミュニケーションがぎこちなくなりがちだが、アルコールやたばこによって、そういった「抑制」を外すことができ、よりスムーズにコミュニケーションがとれるようになる、というメリットがあるからだ。ピッツバーグ大学の研究によれば、お酒の席では男性はより笑顔を見せることが多くなり、リラックスしてコミュニケーションできるようになったという。逆に、そうした強い「脱抑制」効果ゆえに、男性は深酒をしてしまいがちになる、とも分析している。酒なしで話に花を咲かせる、などということは難しいということなのだろう。

アメリカの心理学者トーマス・ジョイナーは著書「Lonely at the top」（頂上で孤独）で、男性がなぜ、孤独になっていくのかを詳細に分析しているが、その中で、「男性の甘え」について言及している。男性は成功と権力を追求する過程で、友人や家族を当たり前の存在とみなす傾向があるとし、男性は、女性に比べ関係性を構築する努力を怠っている、と指摘する。男の子同士の交流は、例えば、スポーツや興味がある「モノ」を通じて成立しているため、それほど、「人」に対する気遣いをする必要がなく、関係維持に対してもそれほどの熱意を注ぐことがない。一方、女性は小さいころから、複雑な人間関係を読み解き、お互いの表情や感情を気遣いながら、「共感関係」を構築し、維持する訓練をされ、努力をしている。結果的に、男女の間で、対人関係の構築力に大きな差が出てしまう、というのだ。

先日、76歳の筆者の母が風邪を引いた。料理のできない80歳の父は母に、何か食べたいか、と聞くと、「自分で何とかするからいい」と答えたそうだ。父は2日ほど、コンビニなどで適当にすませ、母は自らおかゆなどを炊いていたらしいが、3日目になって、母は「なんで何もしてくれないのか」と大いにキレ、家を飛び出してしまった。父にすると「何もいらない」という言葉を信じた、ということだが、母にしてみれば「なぜ、察して、気を利かせて何か買ってきてくれないのか」ということらしい。母は「私はいつも一生懸命、食事を作ったり、尽くしているのに、病気の時ぐらいなぜ、もっと気を遣ってくれないのか」と怒り心頭だった。確かに母は、父が病気をすると、ひたすらに「何が欲しい」「どこが痛い」「どういう調子」と問いかけ、気を回している。誠実で、穏やかな父だが、そうした気遣いは極めて苦手だ。先日も、旧友が入院し、「先方が何も持ってくるなと言うから」と、手土産も持たずに出かけていった。普通は「それは社交辞令だろう」と考えると思うのだが、父は額面通りに受け取り、全く意に介さない。

一方の女性は、男同士よりも断然に面倒くさく、そして緊密で、嫉妬心や妬みも絡み合う女同士の関係性を維持する中で、超難度ウルトラC級に「察する力」「気遣う力」を鍛えられるところがある。もちろん、世の中には如才ない男性もいるだろうが、父のように、少し不器用で、気が利かないことを妻から責められてしまう男性も多いのではないだろうか。

こうした「性差」を強調する論法に対しては、差別・偏見が含まれない物言いをするべきという「ポリティカルコレクトネス」に反するという批判も見られる。どちらが良くて、どちらが悪いというものではないし、すべての人にこうした傾向があるわけではないが、男女の間には特徴的な差異、強み、弱み、偏見があることを全く否定するのは難しいだろう。

以上のような特質が重なった男性は、やすやすと、共感の絆《きずな》を作っていく女性に比べて、コミュニケーション上で、多くのハンデを抱えていると言える。それが結果的に、男性をより深刻な孤独に追い詰める要因となっているのだ。

第5章　孤独の処方箋

孤独対策先進国イギリスの取り組み

孤独は、最も深刻な「現代の伝染病」という認識は世界に急速に広がっており、国を挙げての対策が進み始めている。特に先進的な取り組みを展開しているのがイギリスだ。「男性がとりわけ、孤独の犠牲者になりやすい」という視点で、数多くの研究・啓発・対策が行われている。現地に飛んで、その実態をレポートすることにしよう。

・・・・・・・・・・・・・・・・・・・・・・・・・・・・・・・・・・・・・

観光スポットとしても有名な、ロンドン北部のカムデンマーケットにほど近い集合住宅の集会施設。その一部が「男たちの〝小屋〟」だ。三つほどの部屋をつなげたスペースは約60平方メートルほど。木材やドリル、スライサーなど、DIYに必要な工具が一通り揃えられ、中で、40〜80代までの8人の男性が作業をしていた。ある男性は、クリスマスに、孫にプレゼントするための木製の箱、別の男性はコーヒーテーブル。それぞれが自分の作りたいものを作っている。

「このネジはどうしたらいい？」「そこはこう削ったらどうか」。時に共同で作業をしながら、和やかな雰囲気の中で自然と会話が生まれていく。ここは、イギリスに全部で約400カ所以上ある Men's Shed（男の小屋）の一つだ。女性と比べて、コミュニケーションの「障壁」が高い男性たち。女性はコーヒー一杯で延々とおしゃべりを続けられるが、男性はスポーツや趣味、仕事といった共通の作業、目的がないとなかなかコミュニケーションがはかどらない。であれば、男性たちが集まる「目的」と「場」を作ろう、と「男性の孤独対策」のために、2007年にオーストラリアで生まれ、イギリスでも爆発的に広がっているのが、この Men's Shed だ。オーストラリアにはすでに900カ所以上あり、イギリスでも、400カ所以上。月に6カ所のペースで増え続けており、現在はイギリス国内で約1万人の会員がいる。

このShedには20人ほどのメンバーがおり、週に1～2回、男性たちはこうして集まり、モノづくりをしながら、仲間との交流を楽しむ。この「工房」を立ち上げたのは現在、71歳になるマークさん。「人のためになる仕事がしたい」とずっと、慈善団体などで、チャリティーの仕事に携わってきた。65歳で退職後、Men's Shed の存在を知り、自分たちのコミュニティでも同じことができないかと思い始めた。身近にあまりに孤独な男性たちが多かったからだ。「女性は面と向かって face to face でおしゃべりを楽しむが、男性は肩をならべ、shoulder to shoulder でしかコミュニケーションができない。だから、男性たちをつなぐ『何か』が必要だと思った」という。場所の手配、機材の調達などに奔走し、約1年の準備期間を経て、２０１１年に立ち上げにこぎつけた。

「男性は他人に頼ってはいけない、という社会的通念に縛られがちだ。プライドや自尊心もあって、寂しくても、孤独でも、それを誰かに打ち明け、頼るということはなかなかできない」とマークさんは言う。「だから、僕自身、どこか痛くても、多少のことでは医者にもいかない。痛みや辛《つら》さを認めることは『敗北』を意味するから」。それは男性が社会の中で生き抜いていくために必要な「強さ」でもあった。しかし、そうした「強がり」が男性を追い詰めているところがある。

だから、この活動を「孤独な人たちのための活動」などと標榜《ひょうぼう》することは絶対にない。コミュニティセンターの掲示板などで告知をする時も、あくまでも、「モノづくりに興味のある人たちが自主的に集まる場」という体裁にしている。「孤独」という言葉にアレルギー反応を起こしてしまう男性も多いからだ。

工具のほとんどは無料で譲渡や寄付をしてもらった。運営費用は、年50万円ほどの場所

(上)週１～２回集まり、モノづくりをしながら、仲間との交流を楽しむMen's Shed。
(下)イギリスでブームとなっている「歩くサッカー」。中高齢の男性がサッカーを通じて交流する(153ページ)。

の賃貸費と年間約5万円の保険代、そして、木材などの材料費。地元のスーパーや個人からの寄付、作った作品の販売、さらには、この工房での講習活動などで賄っている。会費は任意で、メンバーは懐具合に応じて、好きなだけの金額を支払う。払わなくてもいい。時々、地元の学校などに頼まれて、ベンチを作る、などといった仕事も舞い込むようになり、毎年、利益が出るほどまでになった。仲間ができる、人に教えて喜ばれる、作品を地元のイベントなどで売り、その価値を認めてもらい、新たなコミュニケーションの機会も生まれる……。絶望的な孤独感にさいなまれていた男性たちが、みるみる生気を取り戻していく姿を見るのがマークさんの最大の喜びだ。

メンバーの男性たちはそれぞれにさまざまな事情を抱えている。美術の教師だったという80歳のジョージさんは自宅で寝たきりの妻の介護をしており、すべての家事、妻の看護をたった一人で引き受けている。「家にいると、逃げ場がない。ここに来る時が唯一、私にとって息抜きできる時間だ。仲間と物を作り、紅茶を飲む時間が生きる支え」と笑顔を見せる。

大工だったというミックさんは69歳。妻と離婚し、子供とも疎遠だ。60歳で仕事を辞めてからは、お酒とたばこに頼る毎日だったという。この活動に参加してから、酒もたばこもやめた。大工の経験からモノ作りについてはいろいろと知識がある。仲間たちの相談にのり、いろいろアドバイスをしてあげることができる。「自分が必要とされている」「人の役に立っている」という感覚が何よりうれしいのだという。

75歳のクリスさんは俳優として、CMやテレビ、映画などにも多数出演してきた。年を取ると、こなせる役柄も減り、なかなかいい役は得られないが、それでも、いつまでも現役で続けたい、とこまめにオーディションに通う。その合間を縫って、こうして仲間に会い、手を動かし、口を動かす時間が人生の張り合いになっている。

サッカーやテレビ、政治の話はしても、お互いに身の上話などをすることはあまりない。詮索《せんさく》もしない。年を取れば、辛いこともいろいろあるが、ここにいる間は忘れられる。本当は人恋しいのに、ついつい、意地を張ってしまう男たち。そんな面倒くさい「プライド」を優しく包み込んでくれる場。「生きがい」という、忘れかけていた価値を取り戻す場。ここは、彼らにとって、かけがえのない「秘密基地」なのだ。

「歩くサッカー」で絆作り

底冷えのする秋のある日、ロンドン北部にある学校の人工芝のグラウンドでは、少年たちが楽しそうにサッカーに興じていた。その隣のフィールドで、同じように目を輝かせて、ボールを追いかけるオジサンたちがいた。中には子供たちのおじいちゃんともいえるような年配の人も交じっている。少年たちと違うのは、年齢だけではない。ボールを追いかけるスピードも、だいぶゆっくりしている。彼らが夢中になっているもの。それが今、イギリスで大ブームとなっている「Walking Football」(歩くサッカー)だ。

一般的に、男の子が興味を持つものの典型と言えば、「ボール、乗り物」など動くもの、刀や鉄砲などの「武器」、そして「工具」と相場が決まっている。昨今は男の子だから車、女の子だからお人形などと与えるおもちゃも決めつけてはいけない、という論調もあるが、こちらが与えなくても、本能的にそういう物に惹《ひ》かれてしまう男性が多いことは否定できない。今どきのITとの付き合い方にしても、男の子の親は「いつまでもゲームをしている」と嘆き、女の子の親は「ずっとSNSばかりしている」と嘆く。男子は「戦い」と「競争」に、女子は「つながり作り」に夢中になる。あくまでも一般論だが、小さいころから、男性と女性では、全く異なるスタイルで人との付き合い方、つながり方を積み重ねてきたところがある。

そういった男性、特にイギリス人の男性にとっては、「三度の飯より好き」という人もいるスポーツの「王様」がサッカーだ。見る、プレーする、どちらも、人とつながる大きなチャンスだが、あれだけ激しい運動を、中高年になっても続けるというのはなかなか大変だ。そこで、「年を重ねても楽しめるサッカーを通じて、健康と人とのつながりを維持することはできないか」と始まったのがWalking Footballだった。文字通り、「走らず、歩くサッカー」で、主に50歳以上の男女を対象に、２０１１年に始まったが、ここ数年で飛躍的に人気を集めており、今やイギリス国内各地に、８００以上のチームが立ち上がっている。連盟も発足、チーム同士の対戦や大会なども頻繁に行われるようになっている。

チームの母体組織はさまざまだが、このWalking Footballチームは、高齢者向けの慈善団体Open Ageが主催しており、こうして、１週間に１～2回、10～15人ほどがグラウンドに集まり、１時間以上たっぷり、走り（歩き）回り、汗をかく。年代は50～70代まで、堂々の中年太りの人も、スリムな人も、みな童心に戻って、必死でボールを追いかける。「僕たちはいつまでも大人になんかなりたくないんだ！」などとはしゃぐ姿は、〝Boys will be boys〟（少年はいつまでたっても少年）といった風情だ。

「こんにちは」。日本語で話しかけてきたジョンさんは70歳。大手資源会社のエンジニアとして、天然ガスを運搬する船舶に乗って、世界を回ってきた。だから日本にも何度も足を延ばしたことがあるという。「いつまでも元気でいたいから」と参加の動機を語る。もう一つの生きがいはボランティア。ホームレスのシェルターで、食事を提供する活動を仲間たちと続けている。「たくさんある時間を自分のためだけに使うのはもったいない。いつまでも人の役に立っていたいからね」と目を輝かせる。

61歳のロイさんは3年前まで、大手のグローバル広告会社のCEOを務めていた。現在は計7社のスタートアップに投資する一方で、自分のマーケティング会社を経営している。「男は子犬かピンボールマシーンのボールみたいなもの。いつまでも駆け回っていたいんだ」とお茶目だ。「サッカーはイギリスでは宗教。年を取ったらプレーできなくなるのは寂しいことだと思っていた」。だからこうやってプレーできることも、これまで付き合ってきた人たちとは全く違うさまざまなバックグラウンドを持つ人との交流もすべてが楽しくてたまらない。「年を取るとなかなか友人はできなくなると言うが、こうして大好きなサッカーをしながら、たくさんの仲間を作ることができるのは本当に刺激的だね」。

ゲームの後には、みんなで近くのコーヒーショップでお茶を飲み、話に花を咲かせる。タクシードライバーから校長先生、ホテルマンからCEOまでと経歴はさまざまだが、サッカーという共通項を通じて簡単につながることができる。小さな「きっかけ」一つで、自分の前にあった「厚い扉」があっという間に開ける。参加した誰もがその手ごたえに驚きと喜びを感じている。

「喪失」のダメージを受けやすい男性

イギリスで「孤独」が問題視され始めたのは、ここ5～6年のことだ。「孤独が健康に甚大な影響を与える」として、五つの慈善団体などが中心となって、「Campaign to end loneliness」（孤独を終わらせるキャンペーン）を立ち上げたのが２０１１年。その後、国を始め、多くの慈善団体、自治体、議員などがこの問題に着目し、無数の研究、調査、キャンペーン、啓発活動が行われ、メディアでも毎週のように、この話題が取り上げられている。イギリスには市民のボランティアや企業や市民の募金などでその活動を賄う多くの慈善団体が存在しているが、この孤独問題について、特に熱心に取り組んでいるのが高齢者の支援団体だ。孤独の犠牲者は若い人も少なくないが、特に深刻なのが高齢者だからだ。

例えば、高齢者支援を行う『Age UK』は英国最大級の慈善団体だが、２５００人の職員を雇用する巨大組織で、全国の拠点でさまざまな高齢者向けサポートを展開している。他にもIndependent Age、Open Ageなど数えきれないほどの団体が、高齢者支援に携わっているが、彼らが、最も深刻な問題として活動の柱にしているのが「孤独」対策だ。「孤独」に対する調査活動も頻繁に行われている。イギリスの大人の68％が孤独を感じており、男性の場合、全年代合わせて、８００万人（35％）が「１週間に一度は孤独と感じる」、３００万人（11％）は「毎日が孤独だ」という調査もある。女性のほうが「孤独」を訴える率は高いものの、男性はその苦しみを打ち明けることが少なく、実は、陰で苦しんでいる人が多い、という視点での研究も進んでおり、「男性」をターゲットにした孤独対策キャンペーンも注目を集めている。

高齢者支援団体の Independent Age が取りまとめたレポートでは、男性の孤独の実態や、なぜ男性が犠牲になりやすいのかが、詳しく分析されている。それによると、１２０万人の高齢男性が「孤独」、70万人が「非常に孤独」、と訴えており、「非常に孤独な人」の26％が「鬱《うつ》状態」にあった。健康に不安を訴える人の割合は「孤独でない人」が５％だったのに対し、「孤独な人」は28％にまで達した。イギリスの独居の高齢男性の数は２０３０年までに現在の91万人から、65％も増加し、１５０万人にまで増えると見られており、「男性の孤独」は「国の非常事態」ともいえる大問題となっている。

同レポートによれば、女性は夫以外の隣人やコミュニティ、親戚《しんせき》など幅広く人間関係を構築しているが、男性は配偶者への依存度が高く、妻を失うと、社会から隔絶されてしまうリスクが高いという。「孤独は何らかの『喪失』がトリガーになることが多いが、離婚や死別、退職といった『喪失』のダメージは女性より、男性のほうがはるかに受けやすい」とAge UKのジル・モルティマーさんは指摘する。

「男らしくあれ」というマッチョ信仰が、男性を縛りつけており、なかなか悩みを打ち明けられない、助けを求められない傾向もある。また、「プライドの生き物」である男性は「ボランティア」「慈善」「高齢者支援」といったサービスの受益者になることに抵抗を覚えやすい。「孤独を解消するために」などといった言葉を聞くとたんに、「自分は関係ない、と耳を塞《ふさ》いでしまう」とレポートは分析している。

だから、男性向けのサービスは、「孤独という言葉は使わない」「男性にニーズに合わせ自主的に参加したくなるような枠組みを作る」など、「見え方」や「表現」を工夫する必要がある、というわけだ。支援団体が提供するサービスは、ダンスや体操、コーヒーミーティングなど、女性の集まりのイメージのものが多く、そういったところに男性は足を運びにくい。

Men's Shed や Walking Football は男性のニーズやプライドに寄り添う方向性で支持を

得た。こうした学びから、支援団体などは街歩き、ガーデニング、コンピュータなど、男性視点のアクティビティを前面に押し出し、ネットワークの輪を広げようと呼びかけを行っている。

市民同士が支え合う「高齢者の孤独対策」

高齢者の絶望感、無力感、不幸感の根底にあるのは「孤独感」ではないか、という視点で、イギリスでは幅広い研究や対策が進められているが、驚くのは、そうした先進的な取り組みの多くが公主導ではなく、民間主体で行われている点だ。「福祉」はすべて「公」が提供すべきもの、という日本の常識からはなかなか理解が難しいが、そもそも、公的な福祉・医療制度が日本に比べ脆弱《ぜいじゃく》であることから、第三セクターとしての非営利慈善団体の存在が大きく、一般の市民も「ボランティア」などとして積極的に参画する。高齢者自ら「ボランティア」として活躍する機会も多く、市民同士が「お互い支え合う」という意識が日本に比べてはるかに高いのも特徴的だ。

そういった意味で、「公」「官僚」視点では、なかなかここまで気が回らないだろうという、民間ならではのきめ細やかなサービスが提供されている。その一つが「シルバーライン」という高齢者向けの24時間３６５日の電話相談サービスだ。孤独に苦しむ高齢者のヘルプラインを作りたい、と元有名テレビタレントのエスター・ランツェンさんがこのサービスを立ち上げたのは、２０１３年のことだった。夫を亡くし、子供が独立した後の寂しさを実感したエスターさんは、「孤独は自信を失わせ、自宅の玄関がまるでレンガの壁のようになって、打ち破ることができないようになる」と訴え、設立の旗頭となった。以来１日平均１６００件もの電話を受け、すでに累計電話数は１５０万件以上に上っている。相談を受けるスタッフは運営団体によって雇用されており、職員１５０人の人件費など、億単位の費用はすべてを募金や宝くじの資金などによって賄っている。

他にも３０００人のボランティアが、孤独な人に対して、定期的に電話をかけるサービスなども提供しており、多くの高齢者がボランティアとして、「支援する側」としても活躍している。その3分の2が女性、3分の1が男性だという。

電話はひっきりなしでやむことはないが、最も電話が多くかかってくるのが誰もが寝静まった夜の時間帯だ。闇夜が孤独感をかき立てるのだろう。電話をかけて来るのは3分の2が女性。「夫を亡くして一人で……」など、身の上や「孤独感」について堰《せき》を切ったように、切々と訴えるが、男性は全く違う。「洗濯機がどうも調子が悪い」「鶏肉《とり》はどう調理するのか」「サッカーの話をしたいのだが」など、ほとんどは何らかの「理由付け」から始まる。「自分は孤独だ」とは決して言うことはない。長らく話している内に、「実は妻を2年前に亡くして……」とボソッとつぶやく。

「男性は自分たちの『感情』と向き合うことが少なく、『孤独』はスティグマだと思って押し殺しているところがある」。シルバーラインのアンシア・ビークさんの目にはそんな「不器用な男性の姿」が映る。そうした我慢は男性たちの身体を知らず知らずの内に蝕《むしば》んでいく。

「孤独」が何よりも精神と肉体の健康を害する、という認識はイギリスでも急速に広がっているが、「孤独対策」は国の財政上も理にかなっている、と考えられている。ロンドン・スクール・オブ・エコノミクスの研究によれば、「孤独病」は高齢者の医療費を1人当たり6000ポイント押し上げる。一方で、その防止に1ポンドを費やせば、3ポンド分の医療費が節約できる。「高齢患者の10人に1人は、健康問題ではなく、孤独だからと医者に行く」というデータもあり、「孤独な人」を減らせば、医療費は圧縮できるというロジックは説得力を持つ。

そういった観点から、高齢者の孤独防止に向けた取り組みは急速に広がっており、学術的な研究から、どの地域に孤独な人が多いかの分布を地図上で示すマッピングプロジェクト、さらには、地域を挙げたランチパーティー「Big Lunch」、高齢者宅への定期的な訪問サービス、アクティビティやティーパーティーへの送り迎えのサービス、高齢者へのIT指導、文通のサービスまで、ボランティアの力を最大限に活用した手厚い支援が展開されている。

もちろん、こうした施策だけで解決するほど、「孤独問題」は生易しいものではない。少子高齢化はイギリスでも急速に進んでおり、一人暮らし世帯の爆発的な増加が見込まれている。ただ、実際にこの問題の深刻さに気付き、積極的に取り組み始めているという点においては、「孤独を楽しめ」と美化する日本のはるか先を行く。イギリスから学べる視点は数多あるだろう。

アメリカの生き生きシニア

気候の温暖さから、アメリカの高齢者世代に人気のアメリカ・アリゾナ州。その中でも、州都フェニックスの近郊都市、スコッツデールは避寒地として、富裕層の別荘が密集していることでも有名だ。この周辺には、主に55歳以上の人たちだけが住むシニアコミュニティが点在しており、多くの退職者が全米中から快適な暮らしを求めてやってくる。

日本で、シニア層が集まって住む場所といえば、高齢者ホームなど、あまり活気のあるイメージはないが、アメリカのシニアコミュニティは広い敷地の中にプールやゴルフ場、体育館やレクリエーション施設なども併設され、広くて住み心地のよさそうな「町」のような感じだ。アメリカでは、まだまだ元気なアクティブシニアたちが、リタイア後に、住んでいた家を売り払うなどして、数千万円から数億円の家を買い求め、こうしたコミュニティに移り住んでくる。プライバシーを保ちながら、新たな隣人たちとの交流を楽しむライフスタイルが人気だ。

日本でもリタイア後の農村移住などの話を聞くが、元々の住人たちとのトラブルや「村八分」問題などが取りざたされることがある。一方、そもそも、全員が「移住者」であるこうしたコミュニティでは、そうした軋轢《あつれき》の話はあまり聞かない。アメリカでは転職が一般的で、ホワイトカラーの多くが、仕事を求めて、各地を転々とする。見知らぬ人とも気軽に話すオープンな移民文化ということもあって、新しい仕事、新しい場所で、新しい友人を作ることに慣れている。だから、退職後に、別の場所に移り住み、一から生活を築き上げることにあまりためらいを感じないようだ。

こうしたコミュニティでは、ゴルフやテニス、乗馬、音楽、芸術、ハイキング、数えきれないほどのサークル活動の機会があり、住民は共通の趣味などを通して、新しいネットワークを広げていくことができる。70歳のロバートさんは、電機会社のエンジニアとして活躍してきたが、65歳でリタイア後、二度目の結婚と同時に、妻と一緒にアイオワ州から移り住んできた。周囲は同世代の人ばかりなので、気も合いやすく、趣味のゴルフとガーデニングなどを通じて、新たな友人も大勢できた。

妻のフランシスさんは68歳。アメリカの有力企業の幹部を長年務め、３年前に退職したが、蓄積したビジネススキルを生かして社会貢献をしたい、とNPO法人の理事を務めている。そのNPO「Experience matters（経験がものをいう）」では、リタイアした人々とNPOをマッチングし、スキルを生かしてもらう活動を行っている。ビジネスのプロたちの蓄積した知見を埋もれたままにするのはもったいない、とリタイアメント世代が多く住む、ここアリゾナ州で始まった活動だ。財務やITなど、それぞれのシニアの得意分野のスキルを、地域支援など様々な活動に携わるNPOの運営に生かすことができる。例えば、大手テクノロジー会社のエンジニアだった人が、高齢者の支援団体のITシステム構築を行うといったような形で、シニアのポテンシャルを最大限に活用でき、その生きがい創出にもつながる、まさに、一石二鳥の仕組みだ。

このように、地縁も血縁もなくとも、高齢になっても、あっという間に気心知れた「ご近所さん」とのつながりができてしまうのがなんともアメリカらしい。恵まれた自然の中で、大勢の仲間に囲まれて、趣味や社交、社会貢献に没頭できる環境はまさに、夢のようなリタイアメントライフ。「毎日忙しく、とにかく充実している」という二人には、「孤独」という二文字が心をよぎることなどないようだ。

孤独対策の最後進国、日本

現在、すでに多くの人が「孤独」に苦しむ日本だが、これから何の手も尽くさなければ、この問題はすさまじい勢いで悪化の一途をたどると考えられている。まさに「1億総引きこもり時代」を迎えないとも限らない。

「孤独」について考える時に、気を付けなければいけないのは、孤独＝一人でいることではないということだ。一人が好きな人もいるし、一人を楽しむ時間も時には必要だろう。日本では、「あえて一人でいる」というポジティブな意味もある Solitude と、寂しく孤立する loneliness がどちらも「孤独」と訳され、ごちゃまぜになって、「孤独」そのものがポジティブにとらえられすぎているところがある。要は「『人とのつながり』の期待値と現実値の差」に大きな乖離《かいり》がないか、また、信頼し、頼れる人が周りにいる、といったように質の高いつながりを持っているか、といったことが重要なのだ。

孤独対策には社会、コミュニティ、個人の3階層のアプローチが考えられる。「社会的アプローチ」は、国や自治体など社会環境、組織視点での取り組みだ。続く「コミュニティ」は、地域や近所など、身近なサークル活動や趣味の活動を通じたつながりの創出があたる。さらに「個人」としては、コミュニケーション力など対人関係スキルの向上、もしくは社会的スキルに問題がある場合には認知療法などによって、人間関係を円滑にする対症療法などが考えられる。

人と人の出会いの場を作る「コミュニティ」など、人とつながる機会の創出と同時に、「個人」レベルのソーシャルスキル向上という「外」と「内」の両面でのアプローチが効果的だ。対人スキルのないままに、人の輪の中に放り出され、いきなり仲間を作れ、と言われても戸惑うばかりだろう。孤独な人に、誰かとつながれ、というのは、肥満の人に、ただ「やせろ」というのと同じように、効果がない。個人が、つながりの重要性を認識し、自らつながろうとする意欲を持ち、そのための努力をしていく動機付けをしていくことも必要なのだ。

しかし、日本人はこれまで、「孤独」という21世紀の世界の大問題に目を向けることが、ほとんどなく、その対策も全くと言っていいほど行われていない。たばこの害や肥満、睡眠不足の危険を訴える専門家やメディアは多くあるが、孤独の危険性を訴える人はいない。人と人のつながり、ソーシャルファブリック（社会的な骨組）の構造が変わり、横糸と縦糸のつながりが細く、緩くなっていく中で、その編み目からこぼれ落ちていく人たちが増えていく。そのひずみが、いじめや貧困、過疎化といった社会問題という形で表れている側面もあるだろう。「孤独」と多くの社会問題は表裏一体のところがある。つまり、表面化する社会課題の裏側には「孤独」という病巣が隠れていることが多いのではないかということだ。

日本では、いかなる社会問題も政府や自治体、学校といったいわゆる「お上」の責任として済ませることが多いが、人と人とのつながり方については、もちろん、そうした「公」レベルの関与のみならず、一人ひとりが自分の問題として、とらえていく必要がある。イギリスで、「孤独」問題が多くの人の口の端に上るようになったのは、それぞれが、「自分の問題」としてとらえているというところがあるからだ。「少子高齢化」も「過疎化」も関係のない人には人ごとだが、「孤独」は自分の問題であり、社会の問題でもある。日本においても、国、自治体、コミュニティ、個人が一体となった議論や取り組みが急がれている。

ペットやソーシャルメディアは孤独を解消するのか

孤独は中高年男性や高齢者だけではなく、全世代で社会問題化している。２００７年度の国連児童基金（ユニセフ）イノチェンティ研究所が発表した子供の「幸福度」についての報告書で、「孤独」だと感じている子供の割合が24カ国中、最も高かったのが日本だ。「自分を孤独」と感じる15歳の子供の割合は29・８％で、平均の７・４％を大きく上回り、ほぼ３人に１人が孤独感を感じていた。

ＪＲ東日本企画が実施した調査（図５−１）によれば、１カ月の外出回数は20代が最も少なく、70代を下回るとの結果だった。年代別では30代が最も多い49・１回で、年代が上がるにつれて減少し、70代は40・８回。20代はこれを下回る37・３回で、顕著に少なかった。若い世代ほど自宅にいることを好む傾向で、20代の６割超の人が「自分は引きこも

図 5-1：１カ月の外出回数

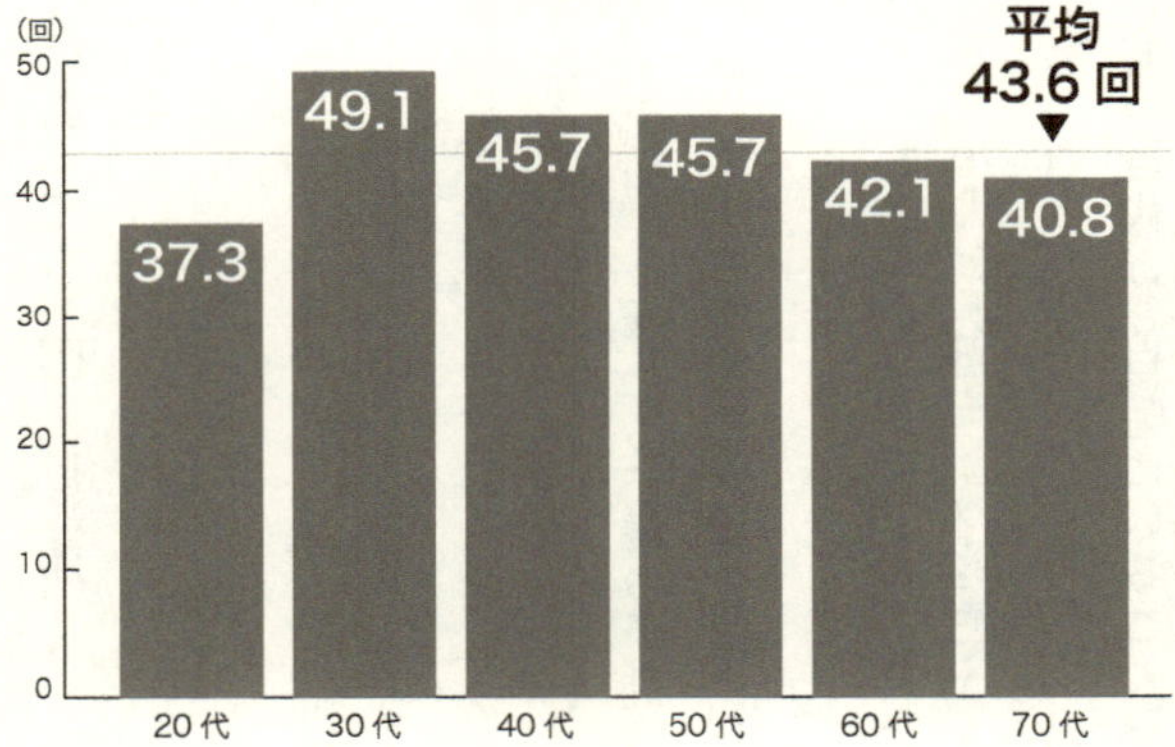

（出所）JR 東日本企画調べ

「ひきこもり」の自己認識

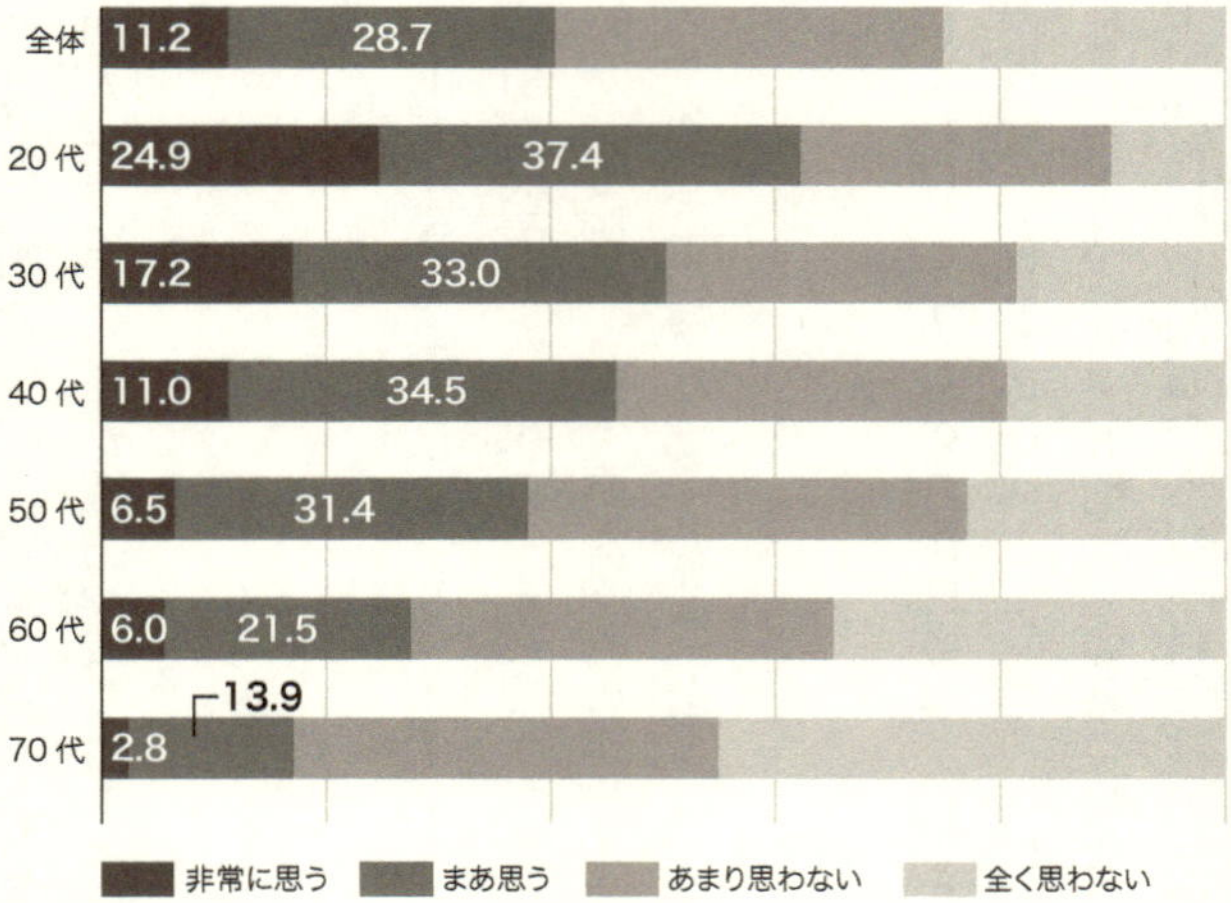

（出所）JR 東日本企画調べ

り」と認識していたという。「インターネットやスマートフォンが普及し、買い物など多くのことが自宅で完結するため」という分析だ。こういった人たちが即、「孤独」だということではないが、ネットやモバイルでのコミュニケーションが主流になり、「おしゃべり」や「感謝を伝える」「悩みを打ち明ける」などといった行為を、非対面で行う人が20代以下で圧倒的に多いことを考えると、デジタル上でのコミュニケーションと対面のコミュニケーション力との相関関係についての検証は必要だろう。

テクノロジーによって、過去のどの時代よりも密接に人と人とが結びついているはずの現代に、「孤独」が疫病のように広がっている皮肉をどう説明すればいいのか。ソーシャルメディアが「人とのつながり作り」や「孤独」にどう影響しているのか、という点については、海外では数多くの研究がされており、ポジティブ・ネガティブ双方の評価がある。人が本来持つ、「つながりたい」という本能的欲求は果たして、ソーシャルメディアだけで満たされるものなのか、ソーシャルメディアは、人の承認欲求をどのように肥大化させるのか、など多角的な検証が必要だが、一つ決定的なこととして言えるのは、ソーシャルメディアなどネット上でのつながりは、対面のつながりを促進や補完をする効果はあったとしても、すべて置き換えられるものではない、ということだ。だから、いかにソーシャルメディア上で何千人の人とつながっていても、フォロワーがいても、それだけで、十分であるとは言えないのだ。
「ペット」が孤独を癒《いや》すという考え方もある。犬と猫を比較した場合、犬であれば、散歩で外を歩く時に、人とのコミュニケーションが生まれるので、「犬のほうが孤独解消には有益」といった調査や、犬を飼うと長生きするという調査などもあるが、ペットで人間関係を代用できるわけではない。テクノロジーやペットとの関係性についての研究も含めて、日本における「孤独」の調査や研究は著しく遅れている。地域差や環境差、性差、年代差がどのように孤独に影響を与えるのか、孤独が健康や生きがい、幸福度にどのような影響を与えているのか、なぜ、人は孤独になっていくのか、など「孤独」の実態やその影響などを幅広いアングルで調査・分析をしていくことで、求められる対処策も見えてくるはずだ。

「億劫さ」を乗り越えて

「おっくうという病がある。（中略）齢とともに疾患率が高まって、老いの到来とともに歴然とあらわれる」。エッセイストの池内紀《いけうちおさむ》氏が、新聞のコラムでこんなことを書いていた。「仲間との会食や演奏会、遠出などがおっくうになる」「何をするにも大儀で、めんどうなのだ。なろうことなら、このままじっとしていたい」とつづる。確かに老いとともに、そうした気持ちが強くなるところはあるだろう。そんな自分に池内氏は「ともあれ人を避け、引きこもるのは、ほどほどにしよう。（中略）人と親しみ、なろうことなら愛されていたいではないか」と言い聞かせる。

難しいのは今の時代、都会で、人と関わろうとすれば、電車に乗ったり、あらかじめ時間や場所を決め、約束したり、という努力が必要なことだ。昔はそこまで、厄介なことをせずに人と触れ合うことができたのではないだろうか。祭りだと言えば、近所で集まる。軒先でおしゃべりをする、将棋を指す。ふっと隣の家に顔を出す。寄合で顔を合わせる。長屋の並んでいた時代は、隣との距離はもっともっと近かったことだろう。

「人と付き合うのは面倒だ」「向こうから声をかけてくるのならいいが、こちらから声をかける気はしない」。中高年の男性は、人付き合いを面倒くさいという人が少なくない。わざわざ、そんな努力をするぐらいなら、家で本を読んでいるほうがいい、と言う。もう一つ、彼らから聞こえてくるのは、「子供のころの友達とは、忌憚《きたん》なく付き合える、腹を割って話せる」という声だ。社会人になってからの友人より、若いころの友人のほうが気楽に付き合えるのだという。

社会人になり、戦闘服を身にまとってからの知人はある意味「競争相手」という意識があるのかもしれない。「ライバル」に簡単に胸襟を開くことはできないが、一緒に先生に怒られたころの友人なら、心を許せる。これは、全く筆者の肌感覚でしかないが、男女で比べた時、女性は若い女性より、おばちゃんのほうが、「恥ずかしい気持ち」が薄まり、外向きの引力が働き、外向的になるが、男性はその逆で、年を取るほど、特にリタイア後など、内向きの引力に引き寄せられるように、（一部のクレーマー化する人をのぞいて）内向化する人が多い印象がある。

女性はライフステージに応じて、人のネットワークを柔軟に拡張するところがあり、学生のころの女友達から、ママ友、仕事の同僚、趣味仲間とその輪を広げる人も多いが、男性は仕事上の付き合いは幅広くても、それが、深い友人関係にまで発展しにくいところがある。

昨今、「より良い生き方」として、世界でも「マインドフル」「自分らしさ」「自己啓発」など、「自分の内面を見つめよう」といった「内向き思考」が奨励されている。しかし、世代や政治思想、男女、民族、宗教などの、価値観・考え方の対立が先鋭化する現代において、あえて、自分の外に目を向け、どうやって、人と人とが折り合い、共存していくのか、という「外向き」の視座を持ち続けることも大切なはずだ。

人付き合いとは何とも複雑で面倒なものだ。それに比べて一人は気楽で、自分の好きなように時間を使え、気兼ねが要らない。多くの働く男性が、将来、自分の自由な時間を持てることが楽しみだと言う。しかし、一方で、孤独を恐れている。難しいのは、人と向き合う力は鍛え続けなければ、衰えていくということだ。いったん、外に向かう力を弱めると、どんどんと内に向かう力にからめとられ、遠心力が利かなくなる。長らく精神的孤立を続けると人間は、例えば、周りの人を敵とみなし、反社会的になるなどの「認知のゆがみ」を生じることがある。もしくはそうしたゆがみが、孤立につながっている可能性もあり、そうした場合には、医学的な知見に基づいた「治療」が求められる場合もある。

クレーマーオジサンや、過去の肩書にしがみつき威張るオジサン、駄々っ子のようにひがみ、ねたむオジサン。いわゆる「老害」化する中高年男性の心の奥底には、「誰にも相手にしてもらえない」「自分の言うことに耳を傾けてくれない」という社会の隅に追いやられたような孤独感が巣くっているのかもしれない。人は誰もが、自分は「老害」にはなりたくはないと思っていることだろう。自分一人の自由を楽しみながらも、人とのつながりの中で生きていく。上手にバランスをとりながら、孤立しない生き方を探っていく必要がある。

企業としてできること

「孤独先進国」日本。国や自治体、医療機関、地域などが一体となって取り組みを進める必要があるが、もう一つ「孤独対策」の視点を持つべき組織がある。それが企業だ。人の人生の半分近い時間とエネルギーを預かる企業として、果たせる役割は少なくない。40年近く、人は家族と過ごすより長い時間を会社とともに歩み続けるのだ。働かせるだけ働かせ、ある一定の年になったら、放り出し、後は野となれ山となれ、という考え方は無責任だろう。70や80になっても相談役や顧問などとして、会社にしがみつこうという「老害」オジサンを作り出さないためにも、退職後の生き方も視野に入れた「人生100年時代のライフプラン」を考える機会を一緒に作っていってもいい。現役の社員がもっと有機的に、密接に結びつくような仕組みを作り、新しい形のコミュニティやネットワークを作り出す、という考え方もあるだろう。

第2章で触れたように、ビベック・マーシー前米公衆衛生局長官は孤独について「極めて危機的」と警鐘を鳴らしたが、同時に、企業はもっと積極的に「孤独対策」の視点を持つべきという提言をしている。「企業は孤独問題に対応するよう気運を盛り上げるイノベーションハブとなりうる。また、社員や取引先、クライアントとの間のつながりの強化を図るなど社会レベルで変革をけん引する力を持っている」というのだ。

多くの人がふるさとを離れ、地縁・血縁が薄れていく一方で、新しい「縁」の受け皿となるべき「会社」は人々の多くの時間を吸い上げているにもかかわらず、友情や意味のある関係性が生まれにくい環境になっている。企業としても、サークル活動への補助を行うなど、交流活動は奨励しているが、現実にはコンピュータに向かい、会議だらけの日々の中で、同僚のことをほとんど知らないままということも珍しくない。確かに筆者も20年弱の会社員生活で、良き先輩、同期、後輩に恵まれたが、「親友」と呼べる存在を作ることはできなかった。あくまで気の合う仲間、知人という関係性だ。

心理学上、「単純接触効果」と言って、繰り返し接すると好意度や印象が高まるという効果がある。日々、物理的に近い距離で、長時間接する同僚との間に、より深い関係が生まれてもおかしくはないが、なぜか、職場で「友人」ができるという話を聞くことがあまりない。逆に、「仕事とプライベートは別」と言い、仕事の人間関係は友人にはなりえない、という線引きをしている人もいる。

ギャラップ社が世界の1500万人以上の会社員を対象にした調査では、「職場にベストフレンドがいる」と言った人は全体の30%に過ぎなかったが、「いる」と言った人は「いない」人より、7倍、仕事に熱心に取り組み、客とより深い関係を築き、高い質の仕事をしたという。職場でのより緊密なつながりは、社員の自信や効率、ストレス耐性を高め、生産性を大きく押し上げるのだそうだ。

マーシー氏は6600人の職員の長として、エボラ出血熱やジカ熱などの重要な問題の対処にあたってきたが、職員の間の絆《きずな》を深めようと始めたのが、「Inside Scoop」（スクープの中）という取り組みだった。毎週、チームが集まり、その中の誰かが5分間、写真などを見せながら、自分のことについて語る、という時間だ。いつの間にか、職員たちが最も楽しみにするイベントとなり、誰もが喜んで参加するようになった。お互いをより深く知るきっかけになり、コミュニケーションが促進されるなど、効果はあっという間に現れた。

日本人はロジックやデータだけで説明をしたがるが、やはり、人の心を動かすのは「誰か」のストーリーだ。映画でも、本でも人は、人のストーリーに動かされる。思い出、転機、苦悩、成功、失敗など、感情を喚起する話に人は自然に引き込まれ、共感する。他人のストーリーの中には、必ず、自分と共通の「符号」がどこかにあり、共鳴し合うところがある。子供のころの友人とのつながりが強固なのは、多くの感情を共有する経験を分かち合ったからなのかもしれない。ともに泣き、笑い、喜び、悲しむ。その思い出の濃さが、長い時間の空白を埋め、再び会えば、瞬時に絆を取り戻せる。

そんな心と心の深いつながりを、職場でも作っていけたら、というのがマーシー氏の考え方だ。人生１００年時代、大学を卒業するまでの第一ステージ、会社員としての人生が第二ステージ、退職後を第三ステージとすれば、この第二ステージが最も長いスパンにわたる。この間に、会社はただ、社員の「やりがい」だけを搾り取るのではなく、第三ステージへの準備期間としてのマインドセットを社員の間に醸成していくことも必要ではないだろうか。

さて、ここまで、国や自治体、地域、企業など、マクロ視点での「孤独」対策について、考えてきた。次章では、オジサンが「孤独」のトラップにはまらないようにするために、個人として、何ができるのかについて考察してみたい。多くの場合、ちょっとした気づきと意識の変化によって、知らず知らずに高く積み上げていた他人との間の「壁」を低くし、もっと楽に関係性を築けるようになるものだ。人生の第二、第三ステージをより豊かなものにするためのコミュニケーションのコツをご紹介しよう。

第6章　孤独にならないために

あなたは孤独か

男性に孤独かどうか聞くと、「わからない」と答える人も多い。そもそも、感情に向き合うことが少ないこともあるが、「孤独」はスティグマであり、持ってはならない感情として、知らず知らずに抑えつけている部分もある。孤独は、物理的に一人である、ということが本質なのではなく、「置き去りにされた」ような孤立感、絶望感、無力感が生きる力をそいでいくことが問題だ。もちろん、一人でいるほうが落ち着くという孤独耐性の高い人も、「孤高」な生きざまに惹《ひ》かれる人もいるだろうが、かといって、山奥の仙人のように何十年も人と交わらず、一人で生きることを楽しめる人はなかなかいないだろう。

ショーペンハウエルやフロイトが、人間関係の寓話《ぐうわ》として用いたことで知られる「ヤマアラシのジレンマ」というたとえ話がある。とげのあるヤマアラシが寒いので、他のヤマアラシとくっつこうとすると、針が刺さって痛い。くっつきたくてもくっつけない、離れたくても離れられないというヤマアラシのジレンマは「自立」と「つながり」という相反する価値をどう両立させるのか、という難しい人間関係の命題を象徴している。要は人間関係の適度な距離感が大切ということであり、少しずつ、近づきながら、針の長さを確認し、時にはそれを伸縮しながら、最も居心地のいい関係性を築いていく努力が必要だということだ。一方で、日本人は、相手の針があたって傷つくことを過度に恐れて、必要以上の距離感を保とうとし、結果的に孤立している傾向があるような気がする。

自身が孤独かどうかを確かめる簡単なチェックシートがある。質問はわずか三つだ。

1. 私は自分の友人関係、人間関係に満足している。
2. いつでも助けを求められるような関係を十分な数の人と築いている。
3. 自分が満足するレベルの人間関係を築けている。

それぞれの質問に対し、

①非常にあてはまる、なら ×0
②あてはまる、なら ×1
③どちらでもない、なら ×2
④あてはまらない、なら ×3
⑤全くあてはまらない、なら ×4

をそれぞれ掛け合わせて、足してみよう。総計が0〜4であれば、全く問題なし、5〜8であれば要注意、9〜12であれば、「孤独」である可能性が高い、ということになる。

これはイギリスの孤独対策キャンペーン団体「Campaign to End Loneliness」の指標で、見ておわかりのように、個人の主観を判断軸にしているが、他にも、実際に人と会う頻度なども考慮に入れた指標など種々ある。「現状は大丈夫」という場合でも、少し想像力を働かせて、例えば、5年後、10年後はどうだろうか、と考えてもらいたい。妻だけが頼り、たった1人の友人との関係がすべて、ということになれば、孤独リスクは低くはない。

第4章で紹介したオックスフォード大学の人類学者、ダンバー教授は、霊長類の脳の大きさと平均的な群れの大きさとの間に相関関係を見出《みいだ》し、人間の脳の大きさを計算した上で、人間が円滑に安定して維持できる関係は150人程度であるとはじき出した。これはダンバーズナンバーと呼ばれているが、フェイスブック上で5000人とつながっていたとしても、友人として、関係性を維持できるのは150人が限度ということになる。150人は同心円を描くように分布しており、最も近い関係の人が5人、その外側に10人、そのさらに外側に35人、最も外側に100人といった形になるのだそうだ。つまり、人類学的に見ると、家族なども含めて、5人ぐらいの頼りになる「腹心」がいれば望ましい、ということになる。

老後に向けて蓄えるべきは「カネとコネとネタ」

筆者は企業の広報担当者向けの講義でよく、「PRに必要な三つの要素はカネ・コネ・ネタである」と話をする。「カネ」があれば、イベントなどにお金を使えばいい、もしくは、頑張ってメディアに「コネ」を作り、話題を取り上げてもらうという手法もあるだろう。どちらもなければ、「話のネタ」、つまりコンテンツを思いっきりユニークで、話題性のあるものにするしかない、といったことだ。

しかしこの3要素、「老後に向けて蓄えたい三つの元気の〝素《もと》〟」としても応用できるのではないかと考え付いた。一つ目の「カネ」、充実した老後を送りたいと思えば、これはあるに越したことはない。二つ目の「コネ」、まさに人とのつながりだ。いざと言う時に支え合う、深くて緊密な絆《きずな》。これがあるかないかで老後の豊かさのレベルは断然変わってくる。三つ目の「ネタ」、これは老後の題材、つまり「生きがい」のようなものとでも言おうか。特に、社交など人との付き合いがあまり得意ではない男性は、この「ネタ」を共

図 6-1：「ネタ」を見つける三つの視座

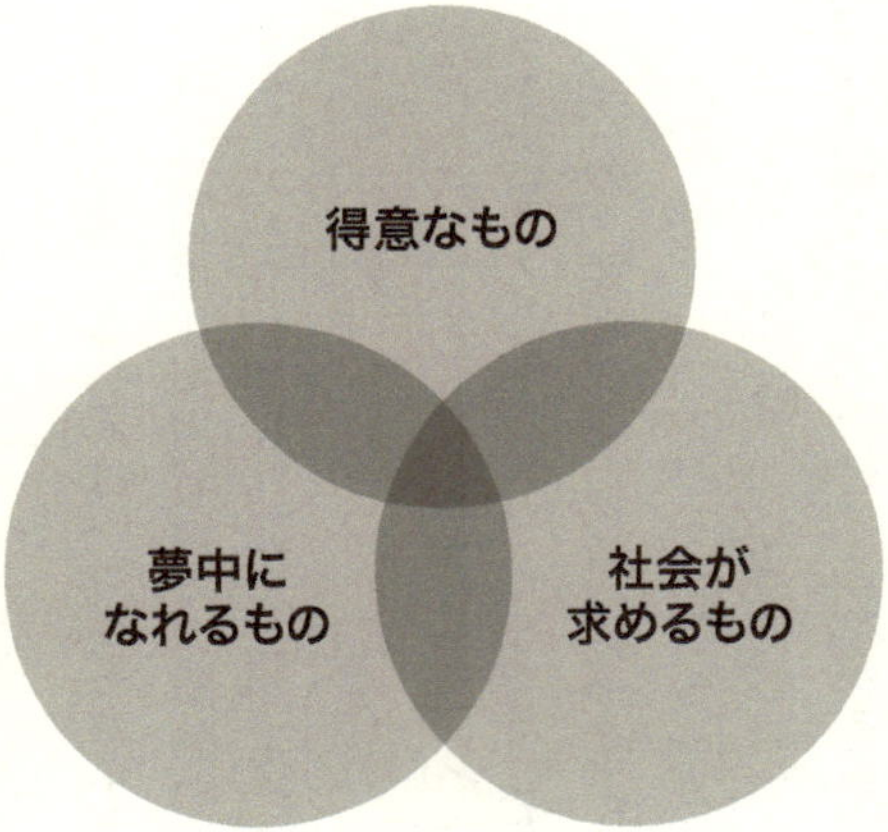

通項に人とのつながりを作っていくこともできるだろう。

「ネタ」を見つける三つの視座がある。「夢中になれるもの」「社会が求めるもの」「得意なもの」（図6－1）だ。この三つの要素すべてが満たされればベストだが、一つでも二つでもあてはまるものが見つかれば、候補としてリストにしてみよう。まずは、「夢中になれるもの」。スポーツ、音楽、芸術などの趣味でもいいし、特技でもいい。女性は「習い事」好きな人が多い。ある民間の調査によると、年代別では、60代以上が最も習い事をしている人が多かったが、そのうち、女性は30・7％の人が習い事をしているのに対し、男性は12・8％に過ぎなかった。

筆者の母もその例にもれず、その人生はまさに「習い事」の歴史と言ってもいいほどだ。手を動かすのが好きな人なので、とにかくありとあらゆる手仕事を習いに行っていた。木目込み人形、刺繡《ししゅう》、料理、陶器、和紙細工などなど、その数は30を超えるだろう。今は習字に凝っていて、週に3回はあちこちの教室に出かけている。何かに「はまる」おばちゃんも大勢いる。「韓流《ハンりゅう》」「宝塚」「歌舞伎」……。周りを見渡すと、元気にはしゃぐおばちゃんたちの群れはよく見かけるが、趣味に興じる中高年男性グループの姿を街中で見かけることはあまりない。そう考えると、オジサンは集団で、何らかのアクティビティに参加し、絆を強めるという機会が少ないのかもしれない。イギリスの Walking Football や Men's Shed のような取り組みが日本にも普及すれば、一つの「ビジネス市場」として活性化する可能性もある。

二つ目の「社会が求めるもの」とはつまり、人の役に立つもの、社会的ニーズのあるもの、ということだ。ボランティアや仕事などとして、皆さんの培ってきたスキルや才能を生かして、社会貢献する機会は必ずあるはずだ。日本は残念ながら、極めて、慈善の意識が低い国の一つである。ギャラップ社などが集計した「世界寄付指数」ランキングによれば、最も慈善活動が盛んなのは、上からミャンマー、アメリカ、オーストラリアという順だったが、日本は140カ国中、114位と先進国としては恥ずかしいほど低い。項目別では「寄付」のランキングは83位、「ボランティア」は55位、「他人を助ける」という項目に至っては下から3番目の138位だ。「隠徳を積む」という言葉を、「人の目に見える善行をするな」と解釈して、ほっかむりをしているところはないだろうか。大震災後の人々の意識などを見ていてもわかるように、日本人も、「人のためになりたい」「人の役に立ちたい」という意欲は大いに持っているはずだ。しかし、そうした気持ちをうまく吸い上げて恒常的に活かしていく仕組みがまだあまりない。

三つ目の「得意なもの」という視点で、蓄積してきたオジサンたちの技能や経験を上手にフィランソロピーに結びつけることができたら、きっと、日本の社会はもっと活性化していくはずだ。一方で、「やはり仕事をしていたい」「仕事を続けなければ生活が成り立たない」という人であれば、どういう形で自分の「得意なスキル」を磨き、仕事を続けていけるのか、どのような転身ができるのかを早い内から十分に考えておく必要もあるだろう。

幸福感の醸成要素として、「自己有用感」と人生の「目的」や「意味」が重要だ、との考え方がある。自分が必要とされている、役に立っているという感覚。そして、何かのため、誰かのために生きるということ。オーストリアの心理学者、ビクトール・フランクルが自らのユダヤ人収容所での経験についてつづった名著『Man's Search for Meaning』（邦題：『夜と霧』）の中で、収容された人々の生死を分けた究極的なカギは、「生きる意味、目的」を持っているかどうかだったと論じている。そのうえで、「幸せは目標とするものではなく、結果でしかない」と洞察した。

自分の幸せだけを追求する人は人とのつながりを犠牲にし、「孤独」になりやすい。自分は何のために生きるのか、その根源的な問いに答えを見つけることは容易ではないが、人との結びつき、関係性の中で、「人のために、社会のために」という利他的な動機を見出せる人の幸福感は高いとも言われている。

こうした視点を持って、40代、50代の内から退職後の有り余る時間を有意義に過ごせる「ネタ」を用意しておこう。できれば、40歳から例えば、5年ごとに、現在と将来の「カネ」と「コネ」と「ネタ」をたな卸しし、人生の第三ステージの生き方を検証してみてはいかがだろうか。

「孤独の迷宮」に入り込まないための「コミュ体操」

嫌われるオジサンの「八大禁忌症状」といえば、

①むっつりオヤジ
②威張るオヤジ
③ダメ出しオヤジ
④説教オヤジ
⑤昔話オヤジ
⑥自慢オヤジ
⑦キレるオヤジ
⑧文句オヤジ

といったところであろうか。

最近よく見聞きする、怒って不平不満ばかりを言う「クレーマー・老害オジサン」はこの集積体のような存在かもしれない。

「コネ」クションを構築・維持し、孤独という「迷宮」に入り込まないために、「老害化」しないために、おじ様たちには「コミュ力」を強化する練習を日頃から心がけていくことをおススメしたい。「コミュ力」は足腰と同じで、使い続け、鍛え続けなければ、あっという間に衰えてしまう。だから、名付けて「コミュニケーション体操」。八つの症状に対処する「あいうえお」で始まるこの五つのステップを、ラジオ体操のように筋肉に埋め込んでいく。どれも本当に基礎的な動作だが、案外、できていないオジサンが多いのである。

「むっつりオヤジ」には……

①「あいさつ」をする　〜まずは「壁」を破ろう

「子供じゃない」と怒られそうだが、こんな当たり前の動作ができていない大人は本当に多い。無愛想な（シャイな）オジサンが多い中で、筆者の家の近所の米屋のオジサンはいつも実に感じがいい。その秘訣は、こちらの気持ちが晴れるようなすがすがしい挨拶だ。

思い起こすと、筆者自身も新聞記者時代は、「礼儀正しく挨拶《あいさつ》する」ことが「ちゃらちゃらとこびへつらっている」と同義語扱いされているところがあり、ろくに挨拶もできていなかったように思う。「硬派」で「不遜《ふそん》」な人が「できる記者」というイメージだったので、不愛想でも許されると勝手に思い込んでいた。

ＰＲ会社に入り、「普通のサラリーマン」になってみて、いかに「頭の高い」商売をやってきたのかと気づかされたが、やはり、挨拶には照れくささを感じることもあった。そもそも、基本的にシャイで、人前で話すことも大の苦手だったところもある。２０１４年に渡米し、「コミュ力」研究を始めてから、さまざまなコミュニケーションの専門家に弟子入りし、スキルを学んだ。どのようにしたら、「恥ずかしがり屋」を克服できるのか、プレゼンがうまくなるのか、知らない人と話せるようになるのか。アメリカには、心理学や脳科学、人類学など学術的に調査・検証されたコミュニケーションスキルやルール、上達のメソッドが数多く存在していた。そうした学びを通じて、気づいたのは、日本には基礎的なコミュニケーションの知識も普及していないし、ルールを学ぶ機会もほとんどない、ということだ。「読み書き」は習っても、「話す」教育を受けることがない。

「挨拶」はコミュニケーションのファーストステップだが、日本ではこれさえも、おざなりになっている節がある。アメリカではいつも、「Hello」だけではなく、「How are you?」(元気ですか）と続けざまに聞かれることが多い。お店の人、受付の人など、知らない人にまで言われてしまうので、どう返せばいいのだろうと、最初は緊張してしまった。見知らぬ人との間でも簡単に会話が始まるのが、アメリカ式だ。

そういった儀礼的なものに何の意味があるのか、と考える人もいるかもしれない。もしくは、自分が挨拶したら、相手に迷惑なのでは、自分と話などしたくないのでは、と気を遣ってしまう人もいるかもしれない。「恥ずかしい」「照れくさい」と感じる人もいるかもしれない。なんだかんだと言い訳をして、ついつい、挨拶をためらいがちになる。

インディアナ大学サウスイースト校にあるShyness Research Institute（恥ずかしがり調査研究所）のバーナード・カルドゥッチ教授によれば、「恥ずかしがりやの人は、常に自分の目の前に鏡があるようなもの」なのだという。言われてみれば確かにそのとおり。常に「自分が人からどう見えているのか」「これを言ったらどう思われるか」といったことばかり気にしてしまうところがある。要するに自意識過剰なのだ。これは多くの日本人のメンタリティの根幹にある意識かもしれない。「こう言ったら、もしくは、こういうことをしたら、どう思われるだろう」「迷惑になるのでは」。そんなことばかり考えている気がする。

真のコミュ力上達への道は、実はそういった「気遣い」を止めるところから始まる。「相手に自分がどう思われるか」という「自分中心」の考えではなく、「その人のことを知りたい」と徹底的に相手に興味を持ち、関心や意識を向ける。焦点を「自分」から「相手」へと180度変えると、「自分がどう見えているのか」がさほど気にならなくなり、憑《つ》き物が落ちたように、コミュニケーションがぐんと楽になる。

「こんにちは」「おはようございます」「こんばんは」「さようなら」。口先だけで、おざなりに言っていないだろうか。形式的に、投げやりに言うのではなく、それぞれの言葉に「ご機嫌いかがですか」「お早いですね。今日も一日頑張ってくださいね」「お疲れ様です」「またお会いできますように」といった「相手」への思いを込めて丁寧に伝えてみよう。日本人の場合、お辞儀という習慣があるが、これ幸いと、視線を交わすべきタイミングに頭を下げてしまう人がいるが、しっかりと目を合わせることも大切。こうした何気ないことが、人と人との間に立ちはだかる硬い氷を破る「アイスブレイク」となり、人に与える印象を格段に上げる。「殻に閉じこもる」のではなく、まずは自分から重い扉を開けてみる。壁はしばしば、自分の外にはなく、自分の中にあるものだ。

「ゴーマン（威張る）オヤジ」「ダメ出しオヤジ」には……
②「いいね！」〜ほめ上手になろう

威張りちらし、ダメ出ししまくるオジサンは「孤独街道」まっしぐらだ。そうならないための基本動作は、相手のいいところをみつけて、ほめることだ。第4章で指摘したように、「ほめられたいのに、ほめない」日本のオジサンの「ほめ力偏差値」は異常なほど低い。「ちょっと私のことほめてもらえますか？」とオジサンに無茶ぶりしてみると、驚くほど、困惑する人が多い。日頃から、「ほめ力筋」を鍛えていないので、言葉が簡単に出てこないらしい。

例えば、職場では、どれぐらいの頻度でどのようにほめればいいのだろうか。ギャラップによれば、「１週間に1回、できれば毎日必要だ」という。年に１～２回の人事評価の時にほめるだけでは全く足りない。大げさに「賞」や「アワード」などでほめ称《たた》えるだけではなく、努力の成果や頑張りを「認め」たうえで、具体的にその行動や心掛けをほめるといい。

ほめ方のコツは以下のようなものだ。

1．よく観察する
部下や妻、友人など身の回りの人をよく観察し、変化に目を配る。

2．すぐにほめる
ほめるべき言動があれば、なるべく間を置かず、その場でほめる。

3. 具体的にほめる
具体的にどこがどう、よかったのかをきっちりと述べる。

4. 本心からほめる
社交辞令ではなく、本心から認め、賞賛する。

5. 「でも、しかし」と続けない
ほめた後、けなさない。

6. 相手の好みのパターンでほめる
皆の前でほめられたい人、あまり大げさでなくほめられたい人、それぞれの好むパターンを把握し、合わせる。

家庭では、是非、積極的に妻のファッションやメークなどほめてあげていただきたいが、職場では、女性の容姿などについては言及しないほうがいいだろう。また、せっかくほめたと思ったら、「でも、しかし……」とつい、注文をつけてしまうことがある。そもそも、人はポジティブな情報よりネガティブな情報に影響を受けやすい。だから、ポジティブとネガティブが交じったフィードバックであれば、部下はネガティブなほうに気が行ってをしまう。「ほめる時はほめに徹する」をおススメする。

日本には、「あいまいで人をあまり鼓舞しないけれど多用される言葉」がいくつもある。例えば、「よろしく」「お疲れ様」。こうした言葉で、「コミュニケーションしている気になっているボキャ貧オジサン」になっていないだろうか？

意味のあるコミュニケーションは必ず、何らかの「価値」を伝えている。「自分の価値」、つまり、自分や会社の価値を上手に伝えること。「価値のある情報」、つまり相手にとって有益で役に立つ情報を伝達すること。そして、最後に、「相手の価値」だ。「相手がいかに価値のある人間であるか」、すなわち「あなたはかけがえのない人である」というメッセージを伝えることができたら、そのコミュニケーションはきっと、とびきり実りあるものになるだろう。

そういった意味で、「ほめる」という行為は、相手の価値を認め、その生きる力、働く力をかき立てるのに最も有効な手段だ。「けなす」よりも「ほめる」を思考のデフォルトにして、ダメ出しするポイントを探すより、人のポジティブなポイントに目を向ける「くせ」をつけよう。

「説教オヤジ」「昔話オヤジ」「どや顔（自慢）オヤジ」には……

③「うん、そうだね」〜耳を傾けよう

人が起きている間のコミュニケーションに使う時間を分析すると、実に45％が聞くことに費やされ、話す（30％）、読む（16％）、書く（9％）時間をはるかにしのぐ、という研究がある。戦前の研究なので、このソーシャルメディア時代には随分、その比率が変わっている可能性もあるが、コミュニケーションにおいて、「聞く」ことは実は「主役」である。プレゼンやスピーチなど「話す力」や、学校でみっちり時間をかけて教育される「読み書き」。そんなスーパースターの陰に隠れて、「準主役」どころか、「端役」の扱いも受けてこなかった。最近はネットの普及に伴い、流通する情報量が飛躍的に増大し、〝腕力〟の強い動画やソーシャルメディアの情報が氾濫《はんらん》し、地味な「聞くこと」はますます脇に追いやられている。

「年を取れば取るほど、人の話を聞かない……」とよく言われるが、高齢化の進む日本社会は、ますます人が人の話を「聞かない」社会になっていく可能性がある。思い思いに、人々が自分の主張ばかりを押し付ける「クレーマー社会」の兆しは確かに現れ始めている。だからこそ、「聞くことの価値」をもう一度見直す必要がある。

「恥ずかしさ」を克服し、コミュ力を上達させるカギは相手のことに心底興味を持ち、聞こうとする「思いやり」の姿勢にあると紹介したが、この第一歩として大事なのが、自分が話したい気持ちを抑えて、相手の話をまず聞くことだ。これが意外に難しい。自分が主役になって話すことはセックスと同じ脳内麻薬の分泌を促し、同様の快感を覚えるからだ。それだけに、自分ではなく、他人に主役を譲るのは容易なことではない。

この自己抑制のスキルは「エゴ・サスペンション」と呼ばれ、会話や人間関係の構築や促進に大きな効果を発揮する。「サスペンション」はかけすぎても、かけなさすぎてもダメだ。その絶妙なバランスの割合として「80：20」という説がある。これは、人と話している時には会話の80％を相手のことに振り向ける、残りの20％を自分の話にする、というものだ。相手が8割しゃべり、自分が2割しゃべる、ということではない。自分が話す時間の中で、8割を質問や相手の話すことへのフィードバックなど、相手に関する内容に充てる。これを頭の中で視覚的にイメージするだけで、適度な「サスペンション」が利いてくる。上手に質問を投げかける「質問力」はコミュ達人の最も強力な武器である。

この「サスペンション」、自分の話がしたくてたまらない「うんちく」「説教」おやじには、地獄ほどの拷問だが、ついつい、人の会話を自分の話に振り向ける「会話泥棒」ほど、嫌われる行為はない。80：20を頭に浮かべて、ぐっとこらえて「聞き役」に徹する努力をしてみてはいかがだろう。「説教」と「自慢話」と「昔話」というオヤジのコミュニケーションの三大タブーを破ることからコミュ上手の道は始まる。耳は二つ、口は一つ。しゃべる量の2倍は、相手の話を聞こうということだ。

「あなたが話している時、あなたはすでに知っていることを繰り返しているだけだ。もしあなたが聞けば、何か新しいことを学べるかもしれない」（ダライ・ラマ）

「キレるオヤジ」には……
④「えがお」

人は誰かにほほ笑まれると、幸せな気分になれる。赤ちゃんの無邪気な笑顔、店員さんの明るい笑顔、大切な人の屈託のない笑顔を見て、心がホッコリ、うれしくなったことはないだろうか。これは「笑顔は伝染する」からだ。

スウェーデンの研究によると、人の笑顔の写真を見せながら、被験者に「しかめっ面をしてください」という指示を出したところ、大多数がほほ笑んでしまったという。何の邪気もない赤ちゃんも、実は意図的に「笑顔」をコントロールしているという研究もある。

カリフォルニア大学サンディエゴ校の調査では、笑顔を見せている赤ちゃんは一緒にいる人から笑い返してもらうために笑顔を見せることがわかった。そのために、笑顔を見せるタイミングまで見計らっているそうだ。ノースダコタ州立大学の実験では、誰かにほほ笑みかけられた人の約半数が笑顔になった、という。

あなたが誰かにほほ笑みかけることで、相手の脳にも「お返しをしよう」とする反応が生まれ、双方の気分が高揚する「共生関係」が出来ていく。確かにアメリカでは、知らない人に対しても素敵な笑顔を見せる人がとても多い。そんな時は、こちらもにっこりほほ笑み返したくなる。一方、日本では、そういった習慣はないので、「キモい」と怪しがられてしまう可能性もあり、むやみにおススメするわけではないが、仏頂面よりは柔和な笑顔のほうが、人を惹きつけることは間違いない。笑顔は、接客や友人・知人の間や、ビジネスなど多くの場面で、信頼の獲得や共感形成に大いに効果を発揮するはずだ。

もう一つ重要なのは、笑顔は本人自身のマインドにもポジティブな効果があるということだ。「気分が良いから笑顔になるのではなく、笑顔を作るという行為そのものが気分を高揚させる」ことは多くの実験によって証明されている。笑顔は感情の「結果」だけではなく「原因」でもある、ということだ。つまり、楽しい、うれしいから笑顔になるだけではなく、笑顔になることで、楽しくなったり、喜びを感じる。楽しい→笑う→もっと楽しくなる、というループ効果、フィードバック効果があるということだ。

19世紀半ばのフランスの神経学者、ギョーム・デュシエンヌは表情と感情の相関関係を調査し、笑顔には2種類ある、と結論づけた。口角を上げ、主に口回りの筋肉だけを使う笑顔と、口回りだけではなく、頬骨から目元にかけての筋肉も使った笑顔だ。デュシエンヌはこの後者の笑顔を「至高の笑顔」と論じ、この笑顔はデュシエンヌスマイルと呼ばれるようになった。つまり、ほくそ笑むというよりは、本当に愉快で楽しい時に出る「笑い顔」こそが、人生を豊かで幸せなものにするということだ。

例えば、カリフォルニア大学バークレー校の実験では、デュシエンヌスマイルを見せる女性はより成功し、結婚し、人生に満足しているという結果が出た。目元の頬の筋肉を動かすことで、脳に刺激信号が送られ、幸せな気分になれるといい、同校のデータでは、デュシエンヌスマイルをした人の95%がかなりの幸福感を覚えたという。

つまり、たとえ気分が落ち込んでいたとしても、頬を引き上げて「ニセの笑顔」を作れば、ひと時でも幸せな気分になれる可能性が高い、ということだ。この「最高のニセ笑顔」を作る簡単な方法がある。鉛筆1本を上下の歯ではさむことだ。唇ではさもうとする

ロンドンで募金活動にボランティアとして参加しているウォルターさん。80歳の退役軍人で、普段はロンドン市内の退役者病院に入院しているが、人の役に立ちたいとこの活動に参加している。

と逆に、怒ったような顔になるので要注意。

　と、ここまで笑顔の効用を綿々と書き綴《つづ》ってきた。とはいえ、「いやいや照れくさい」「無理だ」と早々にギブアップ宣言をしてしまうオジサンは少なくないだろう。そんな方は、この写真を見ていただきたい。ロンドンで募金活動にボランティアとして参加していたウォルターさんだ。80歳の退役軍人で、普段はロンドン市内の退役者病院に入院しているが、人の役に立ちたいと、かつての軍服を着て、駅頭に立っていた。

　どうだろう。こんな素敵な笑顔を見

せる人だったら、誰だって吸い寄せられるのではないか。しわ一つなくきれいに整えられたユニフォーム、完璧《かんぺき》な身だしなみはまさにイギリスのジェントルマン。話しているだけで、見ているだけで、こちらが幸せな気分になれるチャーミングなウォルターさんの魅力は何といってもこの笑顔。皆さんも絶対にそのポテンシャルを持っている。だから、鉛筆を用意して鏡の前で「毎日、５分」を心がけてみてはいかがだろうか。

「単なる笑顔であっても、私たちには想像できない可能性がある」（マザー・テレサ）。笑顔と一生、縁を切ったかのような日本のおじ様方だが、幸せへの道は「笑顔」から始まるのである。

「文句（愚痴）オヤジ」には……

⑤「お礼」を言う　～感謝をする

誰もがそうはなりたくはない「老害」オジサン。その最も忌むべきメンタリティとして、「ネガ」志向というのがあるように感じる。人のいい面より悪い面ばかりが気になって仕方がない。あるものを数えるより、ないものを数え、不幸になる思考パターンだ。

幸せになる人は、「ないものを数えるより、あるものを数える」。「すべてが許せない」

のではなく、「すべてがありがたい」と思える人は多幸感を覚えやすい。つまりは「感謝すること」をくせにしてしまうと、心はぐんと軽くなる。

感謝する気持ちは、幸福感、楽観的な考え方、関係性の向上、健康、目標達成、タスク達成力、身体的な痛みの減少、寛容性と共感性、良い睡眠、自己肯定感の向上など、ありとあらゆるポジティブな効果をもたらす。カリフォルニア大学デービス校のエモンズ教授が行った実験によると、「感謝すること」や「ありがたいこと」を書き留めたグループと「イライラすること」を書き留めたグループを比べたところ、10週間後には、感謝することを書き留めたグループはもっと楽観的で、運動量が増え、病院に行く頻度も少なかったという結果だった。また、ペンシルバニア大学の研究では、感謝の手紙を書くことで、実験参加者の幸福度は急速に上がったという。そのほかにも「感謝の効用」を実証する研究は数え切れないほどある。

「感謝」する「体質」にするために効果的な方法がある。一つ目は「感謝の気持ち」を日記として書き留めることだ。1日三つ、「ありがたかったこと」や「感謝したいこと」「うれしかったこと」を書いていく。おいしかった、ほめられた、美しかった、気持ちよかった、楽しかった、どんな小さなことでもいい。そのうちに「ポジティブな出来事」を考え、思い出すくせがついてくる。二つ目の方法は、感謝の気持ちを手紙にしたためることだ。いつも、お世話になっていながら、その思いを伝えられていない人はいないだろうか。両親、パートナー、友人、子供、誰でもいい、とにかく書いてみることだ。できれば、渡してほしいが、照れくさければ、無理はしなくてもいい。感謝の気持ちを字にすることで、気持ちは増幅される。三つ目は、口に出してみることだ。「いつも、支えてくれてありがとう」「素晴らしいサービスありがとう」「とてもおいしかった、ありがとう」。店先で、駅で、電車で、ねぎらい、感謝する。これができる人の周りには自然と人が集うものだ。

いかがだろうか。シンプルな5ステップだが、物は試しに第一歩。少しずつトライしていけば、自分の周りの空気、そして自分の中の何かが必ず変わっていくはずだ。

もう一つ、日頃から心がけたいのは、「肩書」や「名刺」によらないコミュニケーションに慣れておくことだ。自分の地位や会社の名前を誇示し、お互い、「力比べ」をするようなコミュニケーションを続けていては、なかなか人と腹を割り、真のつながりを作ることは難しい。

もし、理想のオジサン像がどういったものかを知りたいと思う方はアン・ハサウェイ主演の映画「マイ・インターン」をご覧いただきたい。アン・ハサウェイ演じるIT企業の経営者の会社の「インターン」として、ロバート・デ・ニーロ演じるシニア男性が入社して、彼女のインターン役・サポート役として、信頼を得ていく話だが、この男性が何とも魅力的なのだ。出しゃばらない、押しつけがましくない、キレない、素敵な笑顔、チャーミング、清潔感、癒《いや》される、穏やか、人の話をよく聞く、でも、いざと言う時、頼りになる……。皆さんも「エゴ・サスペンション」のピリッと利いた素敵なおじ様になれるはずである。

おわりに

たいていの人は「幸福」になりたいと思っているだろう。お金、健康、仕事、成功。人生には幸せに関わるさまざまな条件があるが、人の幸福を決定づける最も重要な要因は、「真に信頼できる親密な関係性を他人と築くことができるか」である。多くの権威ある研究が、こう結論づけている。中でも特に有名なのが、米ハーバード大学の卒業生などを75年間追い続けた研究だ。この研究を中心になって進めてきた精神科医のロバート・ウォールディンガー氏はTEDトークの中で、こう語る。

「私たちを健康で幸福にするのは良い人間関係に尽きる。孤独は命取りで、家族、友人、コミュニティとよくつながっている人ほど幸せで、身体的に健康でもつながりの少ない人より長生きする。重要なのは、友人の数や、生涯を共にする相手の有無ではなく、身近な人たちとの関係の質なのだ。例えば愛情が薄い、喧嘩の多い結婚は健康に悪影響を及ぼし、離婚より害がある。愛情のある良い関係こそが人を守るのだ」

ノーベル文学賞を受賞したカズオ・イシグロさんも洞察する。

「大切なのは金や力を集めることではなく、愛する人や親しい友人なのです」

今、世界で「孤独」は大きな社会問題となっているのに、日本でその話が取りざたされることはほとんどない。人生において、「人との温かく緊密なつながり」は何よりも大切であるはずなのに、日本ではその価値や「孤独の恐ろしさ」はあまり、理解されていないのではないか。筆者の心の中にはいつもそんなわだかまりがあった。人は誰でも「ほかの人とつながりたい」という本能的欲求を持っている。ソーシャルメディアがこれだけ普及したのはまさに、人々が「認められたい」「つながりたい」という気持ちを強く持っているからだろう。

デイビッド・フォスター・ウォレスというアメリカ人作家がこういう話をしている。「2匹の魚が泳いでいた。そこに年上の魚が通りかかり、彼らにうなずきかけ、話しかけた。『やあ君たち、水はどんな感じだい』。2匹の魚はそのまましばらく進み、顔を見合わせてこういった。『一体全体、水ってなんだよ』」。人は往々にして、最も重要なものの存在に気づかない。日本人にとっては、「人との深いつながり」はこのたとえ話の「水」のようなものではないだろうか。それがなくては生きていけないものなのに、その大切さに気づいていないもの。

社会構造の変革とともに、今、日本列島は、圧倒的な「孤独感」で覆いつくされようとしている。ところが、多くの日本人が「人に迷惑をかけない」「空気を読む」「遠慮する」という独特の気遣いをエスカレートさせ、「話したくても話せない」「行動に出られない」と「内向き」になり、孤独という感情に「ふた」をしてしまっているところがあるような気がする。

「孤独」は日本の老若男女の大問題だが、これまで、詳しく分析してきたように、特に男性は、社会環境的に、また、その特質ゆえに、幾重もの制約と縛りにがんじがらめになって、その「アリ地獄」に陥りやすくなっている。プライドなのか、果たして、ダンディズムなのか、何とも面倒くさい「男の沽券《こけん》」、「こだわり」や「甘え」に縛られた男性たち。

せっかく、汗水をたらして働き続けて、待ち受けているのがこの有様とはあまりに残酷だ。「孤独を楽しめ」だの「終活」だのと言い、じたばたせずに早々と人間関係を整理し、「人生の店じまいの準備」を勧める声があるが、人生100年時代に、30年も40年も「終活」を続けたり、家で読書ばかりしてはいられないだろう。定年後の長〜い時間に必要なのは「終わるための活動」ではなく、やはり「元気にはつらつと生きていくための活動」、例えば、集《つど》い、縁を結ぶための「集活」や「縁活」ではないだろうか。だから、あえて、

「孤独を恐れろ」と言いたい。なぜなら、「恐怖」は人の行動を喚起するからだ。「病気になりたくない」「長生きしたい」と運動したり、節制をするように、「孤独」は恐れるもの、と考えれば、人はそうならないように、何らかの行動をとろうとするだろう。

もちろん、いつも誰かといろ、一人になってはいけないということでは全くない。一人の時間ももちろん必要だ。しかし、慢性的な孤独は知らず知らずの内に心身を蝕《むしば》んでいく。今、若い世代は「高齢者世代」を「逃げ切り世代」「老害」と怒り、疎み、高齢者世代は若者に「感謝がない」と嘆く。深刻な断絶が起きているが、どちらか一方を責めて解決するわけではない。根本問題は、世代間のコミュニケーションの欠落である。人はいつか誰もが高齢者になる。これから、非婚化、都市化はますます進み、「孤独」はさらに大きな問題となっていくだろう。「孤独」の美化は、弱者に忍従を強いる物でしかなく、抜本的な解決策になどならないことは明白だ。

「働き方改革」も進み、昔のようなモーレツな働き方が鳴りを潜める中、それぞれに時間という余裕が生まれれば、その価値観も大きく変わっていくことだろう。「つながり世代」「シェア世代」の若者たちの時代には、デジタルネイティブなりの解決策を見出《みいだ》すかもしれないが、もしかしたら事態はさらに深刻になるかもしれない。とりあえず、当面の問題は50代以上の旧世代であろう。「24時間働けますか」の合言葉のもと、エネルギードリンクを飲んで、粉骨砕身、働き続けた挙句、つながりも生きがいもないままに、気づけば一人、そんなリスクが高いからだ。

一方で、筆者の身の回りでも、新しい生き方を模索し、自分なりに答えを見出していく人たちも増えている。技術職の人などは、そのスキルをもって海外にわたって活躍したり、海外赴任経験のある人は、当時の人脈を生かして、商売を始めたり。地方移住に活路を見出す人もいる。こうした型にはまらぬ、多様な生き方や挑戦のストーリーが積み重なれば、そこに刺激を受けて、違う風景を探してみようと動き出す人が増えてくるかもしれない。

老害オジサンの最大の欠点は、自分の主張に固執し、他者の視点を認めないところだ。翻って、いつまでも謙虚に学び続けようとする人は若々しく、人を惹《ひ》きつける。孤独対策の視点を、中高年の「学びなおし」や「生きがいづくり」といったビジネスに生かせば、新たな市場も開けるだろう。空き店舗やスペース、家を活用した「つながりの場」の提供などによって、新しい地域活性化のアイディアが生まれる可能性もある。孤独対策を通じた「オジサンの再生」が日本創生の起爆剤になるかもしれない。今こそ、「孤独」という大問題に正面から向き合い、解決しようという努力が求められている。

オーストラリアで、死に近づいた患者の世話を続けてきたブロニー・ウェアさんが、その8年間の経験の中で接した人たちに聞いた「死ぬ間際の後悔」を2009年に、ブログにつづったところ、その内容が奥深い、とネット上で大反響を呼んだ。「死にゆく人々の五つの最も大きな後悔」として挙がったのは、

1. 他人が自分に期待した人生ではなく、自分が全うしたかった人生を送る勇気を持ちたかった。
2. そんなに一生懸命働くのではなかった。
3. 自分の思いをもっと表す勇気があればよかった。
4. 友人たちともっとつながりを持っておくべきだった。
5. もっと自分を幸せにしようとするべきだった。

というものだったという。

セーフティーネットがない中でつながりを失い、コミュニケーションという血流が滞り、取り残される人々。抑圧された息苦しい空気感の中で、押しつぶされそうな孤独感にさい

なまれながらも、ただただ黙って、耐えている人たち。日本人の絶望的な不幸感の深淵《しんえん》には「孤独」が巣くっている。多くの人が寂しい、だから不安だ。「孤独」をタブーにしてはならない。自分の人生を生きよう。仕事の犠牲になるのはやめよう。声を上げよう、つながりを作ろう、そして、もっと幸せになろう。

読者のみなさんのご意見をお待ちしています。身の回りの「孤独」についての感想、自分はこうやって「孤独を乗り越えた」「新しい生き方を見つけた」といった経験談などを、kodoku@glocomm.co.jp までお寄せください。

主要参考文献

●Deep Secrets: Boys' Friendships and the Crisis of Connection / Niobe Way
https://www.amazon.com/Deep-Secrets-Friendships-Crisis-Connection/dp/0674072421
●Lonely at the top : The High Cost of Men's Success / Thomas Joiner
https://www.amazon.com/Lonely-Top-High-Cost-Success-ebook/dp/B005EXSN20
●You just don't understand: Women and Men in Conversation / Deborah Tannen
https://www.amazon.com/s/ref=nb_sb_ss_i_2_12?url=search-alias%3Dstripbooks&field-keywords=you+just+dont+understand+deborah+tannen&sprefix=you+just+don%2Cstripbooks%2C297&crid=1WNKHEBICDLLH
●Loneliness: Human Nature and the Need for Social Connection / John T. Cacioppo, William Patrick
https://www.amazon.com/Loneliness-Human-Nature-Social-Connection-ebook/dp/B00421BN3Q
●Alone in the Crowd: The Structure and Spread of Loneliness in a Large Social Network
https://www.ncbi.nlm.nih.gov/pmc/articles/PMC2792572/

●Social isolation, loneliness could be greater threat to public health than obesity
https://www.sciencedaily.com/releases/2017/08/170805165319.htm
●WORK AND THE LONELINESS EPIDEMIC
https://hbr.org/cover-story/2017/09/work-and-the-loneliness-epidemic
●Social Relationships and Mortality Risk: A Meta-analytic Review / Julianne Holt-Lunstad
http://journals.plos.org/plosmedicine/article?id=10.1371/journal.pmed.1000316
●『ＤＩＡＭＯＮＤハーバード・ビジネス・レビュー２０１７年６月号　「なぜ人は昇進すると横柄になるのか」ダッチャー・ケルトナー
●Conspicuous Consumption of Time: When Busyness and Lack of Leisure Time Become a Status Symbol
https://academic.oup.com/jcr/article-abstract/doi/10.1093/jcr/ucw076/2736404/Conspicuous-Consumption-of-Time-When-Busyness-and?redirectedFrom=fulltext
●The Happiness Track: How to Apply the Science of Happiness to Accelerate Your Success / Emma Seppala
●Key to keeping friendships alive different for men and women, scientists say

https://www.theguardian.com/science/2017/feb/20/key-to-keeping-friendships-alive-different-for-men-and-women-scientists-say
●Counting Blessings Versus Burdens: An Experimental Investigation of Gratitude and Subjective Well-Being in Daily Life
https://greatergood.berkeley.edu/pdfs/GratitudePDFs/6Emmons-BlessingsBurdens.pdf

『夜と霧』ヴィクトール・E・フランクル　みすず書房
『男は3語であやつれる』伊東明　PHP文庫
『話し方を変えると男と女は、もっとうまく付き合える！』伊東明　三笠書房
『「甘え」の構造』土居健郎　弘文堂
『タテ社会の人間関係』中根千枝　講談社現代新書
『菊と刀』ベネディクト　光文社古典新訳文庫
『武士道』新渡戸稲造　PHP文庫
『ソーシャル・キャピタル入門』稲葉陽二　中公新書
『ベスト・パートナーになるために』ジョン・グレイ　三笠書房

『察しない男　説明しない女』五百田達成　ディスカヴァー・トゥエンティワン
『話を聞かない男、地図が読めない女』アラン・ピーズ　主婦の友社
『ライフ・シフト　１００年時代の人生戦略』リンダ・グラットン　東洋経済新報社
『孤独なボウリング』ロバート・D・パットナム　柏書房

岡本純子（おかもと・じゅんこ）
コミュニケーション・ストラテジスト、「オジサン」（の孤独）研究家。企業やビジネスプロフェッショナルの「コミュ力」強化を支援するスペシャリスト。グローバルな最先端ノウハウやスキルをもとにしたリーダーシップ人材育成・研修、企業PRのコンサルティングを手がける。これまでに1000人近い社長、企業幹部のプレゼン・スピーチなどのコミュニケーションコーチングを手がけ、「オジサン」観察に励む。その経験をもとに、「オジサン」の「コミュ力」改善や「孤独にならない生き方」探求をライフワークとする。読売新聞経済部記者、株式会社電通パブリックリレーションズコンサルタントを経て、株式会社グローコム（http://www.glocomm.co.jp/）代表取締役社長。早稲田大学政治経済学部政治学科卒、英ケンブリッジ大学大学院国際関係学修士、元・米MIT（マサチューセッツ工科大学）比較メディア学客員研究員。

世界《せかい》一《いち》孤独《こどく》な日本《にほん》のオジサン

岡本《おかもと》純《じゅん》子《こ》

2018年 2月 10日　初版発行
2025年 5月 5日　10版発行

◆◇◇

発行者　山下直久
発　行　株式会社KADOKAWA
〒102-8177　東京都千代田区富士見2-13-3
電話　0570-002-301（ナビダイヤル）

装 丁 者　緒方修一（ラーフイン・ワークショップ）
ロゴデザイン　good design company
オビデザイン　Zapp!　白金正之
印 刷 所　株式会社KADOKAWA
製 本 所　株式会社KADOKAWA

角川新書

ISBN978-4-04-082188-7 C0295

KADOKAWAの新書 好評既刊

平成トレンド史
これから日本人は何を買うのか？

原田曜平

平成時代を「消費」の変化という視点から総括する。バブルの絶頂期で幕を開けた平成は、デフレやリーマンショック、東日本大震災などで苦しい時代になっていく。次の時代の消費はどうなるのか？　若者研究の第一人者が分析する。

クリムト　官能の世界へ

平松　洋

クリムト没後１００年を迎える２０１８年を記念して、主要作品のすべてをオールカラーで１冊にまとめました。美しい絵画を楽しみながら、先行研究を踏まえた最新のクリムト論を知ることができる決定版の１冊です！

シベリア抑留　最後の帰還者
家族をつないだ52通のハガキ

栗原俊雄

未完の悲劇、シベリア抑留。最後の帰還者の一人、佐藤健雄さんが妻とし子さんらと交わしたハガキが見つかった。ソ連は抑留の実態を知られぬために、文書の持ち出しを固く禁じていた。奇跡の一次資料を基に終わらなかった戦争を描く!!

大宏池会の逆襲
保守本流の名門派閥

大下英治

盤石な政権基盤の保持を続ける安倍勢力に対し、自民党・宏池会（現岸田派）の動きが耳目を集めている。「加藤の乱」で大分裂した保守本流は再結集するのか。名門派閥の行方とポスト安倍をめぐる暗闘を追った。

こんな生き方もある

佐藤愛子

波乱に満ちた人生を、無計画に楽しみながら乗り越えてきた著者の読むだけで生きる力がわく痛快エッセイ。ミドル世代が感じやすい悩みや乗り越えるヒント、人生を生きる上で一番大切なこと、「老い」を迎える心構え、男と女の違いなど。